l'incroyable machine à pain

D1080850

Tiré à 150 000 exemplaires
en langue anglaise

L'incroyable machine à pain

Tiré d'un livre de R.W. Grant, **The Incredible Bread Machine,** publié pour la première fois en 1966. La présente édition a été mise à jour et revisée par le personnel étudiant de Campus Studies Institute sous la direction de Patty Newman, rédactrice en chef de CSI et directrice de l'élaboration des programmes.

SUSAN LOVE BROWN
KARL KEATING
DAVID MELLINGER
PATREA POST
SUART SMITH
CATRIONA TUDOR

traduit de l'américain par
  Lise Larocque DiVirgilio

Les Éditions Entrepreneur Ltée

C.P. 355 Station B Montreal, P.Q. Canada H3B 3J7

Couverture de PAM PSIHOS

1er tirage — 1er octobre 1974
2e tirage — 15 novembre 1974
3e tirage — 20 février 1975
4e tirage — 21 avril 1975
5e tirage — 15 mars 1976

Édition en langue espagnole
1er tirage — décembre 1976

Publication originale en anglais sous le titre de
The Incredible Bread Machine

Dépôts légaux — Troisième trimestre 1979
Bibliothèque nationale du Québec
Bibliothèque nationale du Canada
ISBN 2-920084-02-X

Les Éditions Entrepreneur Ltée
Case postale 355
Station "B"
Montréal, Québec
H3B 3J7

Table des matières

Préface

L'instabilité économique à l'échelle du globe, l'érosion généralisée de la liberté personnelle et nos aspirations à la sécurité d'emploi* nous ont "persuadés" d'écrire ce livre.

Nous tenons à remercier Richard Grant qui nous a permis d'utiliser son ouvrage comme point de départ. Nous remercions également Patty Newman, rédactrice en chef de CSI. Sans son sarcasme, son obstination et ses brimades, ce livre aurait paru beaucoup plus tôt (et en bien pire).

Susan Love Brown (25 ans)
Karl Keating (24 ans)
David Mellinger (23 ans)
Patrea Post (23 ans)
Stuart Smith (25 ans)
Catriona Tudor (23 ans)

*Nous fournirons notre **curriculum vitae** sur demande, si ce livre ne se vend pas.

Séparer l'ivraie du bon grain

C'était en avril et la terre était encore trop imprégnée d'eau pour commencer les labours. Le paysan Valentine Byler décida donc d'empierrer son chemin boueux et se mit en frais de transporter des cailloux. Il attela ses deux juments jaunes à une vieille charrette. Il attela aussi le poulain avec elles pour commencer son dressage. Quelques instants plus tard, deux étrangers s'approchèrent du paysan.

— Ce n'est pas drôle! dit l'un d'eux.

Ils s'emparèrent des rennes. Byler était "amish" et sa religion lui interdisait d'opposer toute résistance. Les deux hommes dételèrent les chevaux.

"Je ne pouvais rester là à les regarder faire, dit Byler. Je pénétrai dans la forêt."

Les hommes emmenèrent les chevaux. C'étaient des agents du Service du Revenu National. En raison de ses croyances religieuses, Byler avait refusé de payer ses cotisations à la sécurité sociale et ses chevaux étaient saisis pour donner suite à une réclamation du gouvernement. Le 1er mai 1961, le Service du Revenu National vendit les deux juments et le poulain à l'encan pour $460. Après avoir prélevé $308.96 en arrérages d'impôt et $113.15 en frais, le Service remis $37.89 à Byler.[1]

Quand l'État, sous prétexte de s'occuper de la population, enlève à cette même population les moyens de subsister, s'agit-il de progrès ou de recul? Ce cas illustre de façon assez dramatique certaines questions fondamentales.

Tant au Congrès américain qu'à l'extérieur, on a beaucoup critiqué la poursuite du Service du Revenu National. En mars 1965, le Service annonçait subitement qu'on ne forcerait plus les "amish" à cotiser au régime de la sécurité sociale.

Si l'on exempte les "amish" des cotisations à ce régime en raison de leurs convictions religieuses tout en refusant à d'autres le même privilège, à moins que leur religion ne ressemble à celle des "amish", ne s'agit-il pas de l'application de critères religieux par le Service du Revenu National? Celui-ci ira-t-il jusqu'à déclarer que les convictions des "amish" sont plus exemplaires que celles d'autres groupes religieux? La Cour Suprême n'a-t-elle pas affirmé à maintes reprises que de tels critères étaient contraires à la Constitution.

Et qu'en est-il des programmes gouvernementaux qui ne relèvent pas du régime de la sécurité sociale? Ne devrait-on pas laisser libre choix de participation à ceux qui s'y opposent pour des raisons d'ordre moral? Qui peut trancher de tels cas?

Voyons le cas d'un résident de Los Angeles du nom de Steven Anthony, qui, en 1964, refusa d'évacuer sa maison expropriée par le comté de Los Angeles en vertu du droit souverain de l'État. Le terrain devait être remis à des intérêts privés en vue de la construction du Musée de la Télévision et du Cinéma d'Hollywood. Pendant des semaines, Anthony se barricada chez lui et réussit, à l'aide d'un fusil de chasse, à tenir à l'écart les adjoints au shérif venus l'évincer. Finalement, deux policiers en civil, se faisant passer pour des sympathisants d'Anthony, réussirent à s'introduire chez lui. Il fut arrêté et emprisonné. Le lendemain, la maison était démolie par ordre du tribunal. Le juge qualifia cet homme, jadis inconnu, "d'anarchiste, de fauteur de troubles et de personnage avide de publicité". Il le condamna à un an de prison pour voies de fait parce qu'il avait résisté à son arrestation.*[2]

En réalité, laquelle des parties en présence était la plus coupable? Anthony était-il l'agresseur ou la victime d'une

---

*Les projets de construction du Musée ont été abandonnés en raison de la dissention parmi les promoteurs. Actuellement, le terrain sert de parc de stationnement.

agression? Avait-il violé le droit d'autrui ou cherchait-il à conserver ce qui lui appartenait de droit? Dans ce cas précis, a-t-on eu recours à la loi pour protéger les droits d'un citoyen ou les violer? Convient-il que l'État saisisse une propriété privée en vue de la construction d'un musée géré par des intérêts privés? La situation aurait-elle été différente s'il s'était agi d'un musée public géré par le gouvernement?

Examinons par ailleurs le cas de Samuel McBride. Au plus fort de la crise de l'énergie, le Service du Revenu National canalisa énormément de ressources pour attraper les exploitants des postes d'essence qui s'ingéniaient à vendre l'essence à un prix plus élevé que ne le souhaitait le gouvernement.

Une des premières cibles de l'ire bureaucratique fut le propriétaire d'un poste d'essence indépendant de Chicago nommé Samuel McBride. Il distribuait son essence gratuitement à une condition: que le client intéressé achète tout d'abord, pour $10.50, une patte de lapin ou un formulaire de testament légal[3]. Aucune contrainte ou fraude n'était en cause. Les conditions à remplir pour recevoir l'essence de McBride étaient connues de tous. En dépit du fait que certaines personnes souhaitaient librement traiter avec McBride (préférant sans doute avoir de l'essence à $2.00 le gallon que pas d'essence du tout à 53.9 cents, ou peut-être estimaient-elles préférable de consacrer leur temps à un travail rentable plutôt que de faire la queue pendant des heures?), les agents du SRN accusèrent McBride de profits excessifs et le tribunal le condamna à $17,000 d'amende.

Était-il juste d'enlever aux gens le droit de traiter avec Samuel McBride. Une telle décision devrait-elle dépendre de la discrétion de notre gouvernement?

Supposons que vous dormiez bien tranquillement dans votre lit. Au beau milieu de la nuit, vous entendez des bruits étranges, mais sans vous donner le temps de vous retourner, des hommes dépenaillés, hirsutes, enfoncent la porte de votre chambre en criant des obscénités et en brandissant des pistolets. Ils se mettent à piller votre maison, détruire vos biens et menacer votre vie.

Nous ne sommes pas en 1984 et il ne s'agit pas de membres de la "POLICE DE LA PENSÉE" imaginée par Orwell. Ce sont plutôt des membres du Bureau d'Application de la Loi et de Lutte contre l'Abus des Drogues du Ministère de la Justice des États-Unis. Ils sont là pour faire leur devoir.

Cette scène s'est passée chez deux résidents de Collinsville dans l'Illinois, vers la fin de 1973. D'après les témoignages, ces agents fédéraux ne se sont pas identifiés de façon satisfaisante, n'ont pas expliqué la nature de leur autorisation ni exhibé de mandat de perquisition. En réalité, ils s'étaient trompés d'adresse.

Les victimes intentèrent des poursuites en dommages-intérêts pour compenser la destruction de leurs biens. Mais elles perdirent leur cause et les agents gouvernementaux furent acquittés.[4]

PREMIÈRE PARTIE

Un dessin primé représentait Smith,
les bajoues grasses et pendantes,
arrachant le pain de la bouche d'enfants
affamés, indifférent à leurs cris.

CHAPITRE UN

La pâte lève

La plupart des gens estiment que le capitalisme américain du dix-neuvième siècle fut une période caractérisée par la présence d'hommes sans scrupules, grands escrocs de l'industrie, "les barons voleurs", qui s'emparèrent des secteurs vitaux de l'économie et exigèrent un tribut de la nation toute entière. Ils étaient l'exemple parfait de chiens sauvages et sans pitié qui s'entre-dévorent. Les capitalistes étaient des exploiteurs; le reste de la nation, des exploités. Il s'agissait d'un capitalisme du laisser-faire, d'un système qui n'a pas marché, qui a conduit à la fraude, à la déprédation, à la corruption, à la ruine et au désespoir. D'une part, on assistait à une concurrence sans restriction, et d'autre part à un monopole: deux extrêmes également condamnables. Quelques-uns s'enrichirent, devinrent millionnaires aux dépens de la majorité qui dut payer un prix exhorbitant sous forme de dignité humaine, de valeurs morales et spirituelles.

Les chemins de fer, le groupe de l'Érie, le Crédit Mobilier, Vanderbilt, J. J. Hill, la Pieuvre de Californie, les Quatre Grands, Rockefeller, **Standard Oil Trust:** tout cela était mauvais et la conséquence d'un capitalisme du laisser-faire sans restriction.

Le public en colère demanda au gouvernement de légiférer; ce n'est qu'après l'adoption de lois, de contrôles et la création de régies que l'économie fut au service du plus grand nombre. Par la loi du commerce entre les états, la loi Sherman antitrust et la loi Clayton, le gouvernement rétablit graduellement l'ordre et la justice sociale, après le chaos et la tyrannie économique provoqués par les voleurs de grande classe.

C'est l'histoire qu'on enseigne dans nos écoles, sur laquelle se fonde notre Congrès et à laquelle croit l'homme moyen.

Mais est-elle véridique? Est-il possible que les innombrables maux attribués au capitalisme américain du dix-neuvième siècle soient le résultat non pas de ce système, mais de l'ingérence gouvernementale? Est-il possible que cette nation n'ait jamais véritablement vécu sous le régime d'un capitalisme du laisser-faire?

Le capitalisme du laisser-faire est un système économique de libre-échange entre les individus, sans ingérence gouvernementale.

Dès le début, l'économie des États-Unis fut encombrée d'interventions gouvernementales de toutes sortes: subventions, concessions, privilèges et faveurs politiques.

Par exemple, dans son livre intitulé **Throttling the Railroads**, Clarence B. Carson déclare:... "Dans l'histoire américaine, les chemins de fer sont l'exemple classique de l'impact de l'intervention gouvernementale sur une entreprise... mises à part les opérations bancaires et la poste, les chemins de fer ont probablement été les victimes du dirigisme le plus long de toute l'histoire des États-Unis. C'est le secteur rêvé pour étudier les effets débilitants de cette intervention."[1]

Plusieurs raisons justifient la part active que le gouvernement prit à la construction des chemins de fer au dix-neuvième siècle. En premier lieu, un grand nombre de citoyens estimait, pour diverses raisons, que l'Amérique devait de toute urgence améliorer son système de transport. Les frontières des États-Unis s'étaient étendues vers l'ouest à la suite de la signature du Traité de Paris en 1783 et de l'achat de la Louisiane en 1803. Craignant la concurrence imminente des villes de la vallée du Mississippi, les cités maritimes de l'Est souhaitaient établir la liaison avec le mid-ouest. Elles exercèrent des pressions sur le gouvernement afin que des routes soient construites sans tarder. À l'origine, bon nombre des voies ferrées étaient des projets d'état, comme le chemin de fer de l'État de Pennsylvanie,

(**Pennsylvania Railroad**). Mais le gouvernement fédéral axa son attention sur les grandes liaisons transcontinentales. Selon Carson, les pouvoirs publics accordèrent leur aide en prétendant que les investisseurs privés hésiteraient à financer entièrement la construction des chemins de fer, (s'il y avait eu un marché, les investisseurs privés auraient entrepris de bâtir les chemins de fer). "Les investisseurs privés avaient peut-être tort, dit Carson, mais ce sont des spécialistes en la matière. Le gouvernement joue perdant lorsqu'il finance à la place du secteur privé."[2]

En 1934, Matthew Josephson écrivit un livre intitulé **The Robber Barons** qui devait exercer une influence certaine à cette époque. Son thème était le suivant: le capitalisme a provoqué des excès au dix-neuvième siècle, auxquels l'intervention gouvernementale remédie. Mais si l'on analyse en profondeur le livre de Josephson, on constate qu'il démontre en réalité que le méchant dans cette affaire est véritablement le gouvernement interventionniste et non pas le capitalisme.

Voyons par exemple l'une des fraudes les plus célèbres de l'histoire américaine, celle du Crédit Mobilier, une entreprise de "construction" conçue de façon tout à fait unique en son genre et possédée par ceux qui contrôlaient **Union Pacific Railroad.** Le capitalisme fut blâmé pour ce qui s'était passé, mais ce que décrit Josephson n'est sûrement par du capitalisme:

En peu de temps on adopta la loi du **Pacific Railroad** (1862) et on accorda une charte fédérale à chacune des deux sociétés qui s'engagèrent dans cette entreprise colossale. **Union Pacific** construisait à l'ouest du Missouri; on lui accordait douze millions d'acres de terre inconnue en sections alternatives de dix milles de profondeur, ainsi qu'une somme de vingt-sept millions de dollars en obligations gouvernementales de trente ans à six pour cent, à titre de première hypothèque. **Central Pacific** qui construisait à partir de l'océan vers l'est, pour rencontrer **Union Pacific**, reçut de la même façon neuf millions d'acres de terres et vingt-quatre millions de dollars en obligations du gouvernement.[3]

Voilà comment les promoteurs du Crédit Mobilier obtinrent leurs capitaux: non par des placements privés, mais par des subventions gouvernementales. Et ces subventions, concessions, octrois de terrain et participations gouvernementales connexes ne sont pas caractéristiques du capitalisme du laisserfaire. En outre, les deux partis politiques avaient accordé leur bénédiction à l'affaire. L'enjeu, c'est-à-dire le butin, étant de taille, les résultats étaient inévitables. Les entrepreneurs engagés dans l'affaire ne s'intéressaient guère à la construction d'un chemin de fer: ils ne cherchaient qu'à profiter au maximum de l'entreprise. Par l'intermédiaire du Crédit Mobilier, ils obtinrent les travaux de construction par sous-traitance. Les frais de construction montèrent en flèche de façon mystérieuse, tandis que les profits du Crédit Mobilier étaient énormes, et quand on se rendit compte de l'ampleur de l'escroquerie:

> ...le récit de cet affreux gaspillage, des crimes et de la turpitude qui l'entouraient, secoua tout le pays comme un puissant tremblement de terre et ébranla bon nombre de faibles structures... Des milliers de citoyens perdirent leurs économies au moment de la chute de **Union Pacific,** tandis que la misère se répandait rapidement dans les régions céréalières. Des tribunes, le peuple se mit à parler d'un ton qui deviendrait bientôt familier chaque fois qu'on se trouverait en présence d'une telle provocation, **contre les grandes corporations qui dirigeaient le pays...**[4]

Josephson parle également de la célèbre lutte de 1872 dont l'enjeu était le contrôle de l'**Erie Railroad.** Joy Goule, Jim Fisk et le vieux Daniel Drew étaient sans doute des canailles sans égales. Leur victime fut l'**Erie.** Josephson écrit:

> L'**Erie** était alors un grand chemin de fer de près de 500 milles de longueur, allant du port de New York aux Grands Lacs. Sa construction avait coûté $15,000,000 financés en

partie par les subventions des états. Ses trains branlants, éclairés à la lampe, la fragilité de ses rails causes de catastrophes et de scandales, assombrissaient sa réputation; et lorsque Daniel Drew, par des prêts à la compagnie, en devint le trésorier et le maître après la panique de 1857, on comprit rapidement que ce maître au coeur dur n'était pas le moins du monde intéressé par **Erie Railroad** en tant que service public ou voie de circulation.

Sa position stratégique lui permit d'avoir accès à des renseignements confidentiels sur les affaires de l'importante voie ferrée, renseignements qu'il n'utilisa qu'à son profit personnel en vue de spéculer. La décrépitude du matériel roulant, les accidents terribles qui se produisaient sur cete voie étaient une véritable manne pour son directeur spéculateur qui se servit à même la caisse de l'entreprise pour alimenter la vente à découvert de ses propres titres.

Gould et Fisk furent rapidement mis dans le coup. Ils savaient à l'avance à quel moment les actions d'**Erie** monteraient ou descendraient; la vie en rose commençait pour eux. Un seul nuage à l'horizon gênait ces messieurs fort occupés; l'intervention massive d'une force de la nature dans le domaine ferroviaire, Cornelius Vanderbilt, homme âgé, dont l'avance irrésistible semblait les menacer tous d'extinction.[5]

Dans une économie libre, lorsqu'une entreprise est mal gérée, un groupe d'actionnaires peut en acquérir le contrôle. Quant au groupe de l'Erie, son opposition venait du redoutable Commodore Vanderbilt. Celui-ci n'était pas un simple maraudeur, c'était un constructeur. Cet homme remarquable avait déjà amassé onze millions de dollars quand, à 68 ans, il tissa le célèbre réseau du **New York Central** à partir de la fusion de petites lignes. Le **NYC** était, à son époque, le réseau ferroviaire le plus important du monde. Tout ce que touchait Vanderbilt se transformait en or, car il gérait ses biens de façon efficace et profitable. Jour après jour, Vanderbilt achetait une grande quantité d'actions de l'**Erie**, dans le but d'en acquérir le contrôle. Pourtant, plus il en achetait, plus il semblait apparaître sur le marché de toutes nouvelles actions. Le Groupe de l'**Erie**, dont Jay Gould avait pris la direction en véritable maître, imprimait des certificats d'actions plus vite que Vanderbilt ne pouvait les acheter.

Il s'agissait là, bien sûr, d'une fraude pure et simple et Vanderbilt demanda une injonction. Si le gouvernement de New York avait rempli son rôle et puni les fraudeurs, il aurait mis un frein aux activités de Drew, Fisk et Gould. Mais ce fut Vanderbilt qui finalement fut battu, non par le Groupe de l'**Erie**, mais par les **gentilshommes** de la législature de l'État de New York. Ces serviteurs publics décrétèrent une loi spéciale légalisant les activités du Groupe.

On ne peut que sympathiser avec les actionnaires de l'**Erie** qui en devinrent les victimes. Si Vanderbilt avait acquis le contrôle, leurs placements auraient sans aucun doute été sauvés et l'**Erie** serait devenu une société rentable à la fois pour ses actionnaires et le public. Mais l'**Erie** avait été mis à sac au point que l'entreprise fut incapable de verser un dividende pendant soixante-neuf ans. Pourtant, Josephson ne fait aucune distinction entre Vanderbilt et le Groupe de l'**Erie**. Pour Josephson, ils étaient tous des **barons voleurs**. Bien des gens continuent de citer les épisodes de la lutte pour le contrôle de l'**Erie** en prétendant que ce sont là des exemples horribles du capitalisme du laisser-faire, où les chiens s'entre-dévorent. Mais ce n'est pas le capitalisme qui donna le coup de grâce à l'**Erie**, ce fut la législature de l'État de New York.

Contrairement à **Union Pacific**, financé par le gouvernement, et contrairement aussi à l'**Erie** et à ses mécréants, le **Great Northern Railway System**, s'étendant de Chicago jusqu'au littoral du Pacifique, était dirigé par James Jerome

Hill. Cette voie ferrée était unique en son genre car elle avait été construite sans subvention gouvernementale ni octroi de territoire. Josephson décrit Hill:

Cet homme dynamique, d'âge mûr, voyait grand. Dans sa marche conquérante à travers les territoires du nord, il mit au point de nouvelles méthodes de commerce, s'écartant énormément du mercantilisme mesquin de l'époque qui l'avait précédé. Il écrivit à son associé, Lord Mount Stephen, pour lui faire part du fond de sa pensée: "Il est à notre avantage d'accorder des taux bas et de tout faire pour mettre cette région en valeur et attirer la clientèle." Il ne s'agissait pas simplement d'une intention philantropique; il visait un fort volume plutôt que de petites commandes à des tarifs élevés. Son jugement était plus sain et de loin plus efficace que celui de ses confrères; il finit par devenir en quelque sorte ingénieur. Voici un geste qui le caractérise bien: lorsqu'il se lança dans les chemins de fer, les locomotives, comme de magnifiques bêtes de salon, portaient des noms. Il leur donna des numéros, doubla leur puissance de traction jusqu'à ce que sa voie ferrée soit dotée des locomotives les plus puissantes et des trains les plus longs du pays. Les superstructures de sa voie n'étaient mises en place qu'après un relevé exhaustif des pentes et courbes du terrain. Le pont qu'il fit construire sur le Mississippi entre St-Paul et la ville actuelle de Minneapolis était l'une des structures de granit les plus massive jamais construites...[6]

James Jerome Hill étendit sa voie ferrée au Dakota et au Montana, parcourant souvent en éclaireur "les territoires inconnus à ses risques et périls, campant à la belle étoile, étudiant le sol, l'eau, le climat, les ressources." Il réussit à faire face à la concurrence en assurant un bon service à sa clientèle et en faisant preuve de jugement perspicace en affaires. Quand ses concurrents n'arrivèrent plus à lui survivre à cause de leur mauvaise gestion, on accusa Hill de monopole et on le condamna sans merci en le mettant dans le même panier que les gestionnaires sans scrupules. Pourtant, son chemin de fer était géré honnêtement et rentable pour les actionnaires et pour le pays. **Great Northern** fonctionnait sans l'aide gouvernementale avec plus de succès que les sociétés ferroviaires subventionnées.

Central Pacific, société fortement subventionnée, construisait vers l'est en même temps que **Union Pacific** construisait vers l'ouest. Avec sa filiale, **Southern Pacific, Central** devint rapidement le symbole de tous les maux que le peuple attribue généralement au capitalisme. **Central Pacific** (surnommé plus tard **la Pieuvre**,) tint bientôt toute la Californie sous une poigne de fer. La compagnie exerçait un monopole dans cet état et ses tarifs étaient horriblement chers, si chers qu'un groupe de quincaillers estima pouvoir transporter à meilleur compte un baril de clous en Californie en l'expédiant par le Cap Horn (la pointe de l'Amérique du Sud) plutôt que de payer les tarifs du **Central Pacific** pour le transport à l'extrémité de la route terrestre la plus directe.[7]

Le monopole de **Central Pacific** ne résultait pas d'une concurrence efficace et d'un bon service. Il n'avait pas été réalisé par le mécanisme d'un marché libre mais par des mesures législatives. Les directeurs de **Central Pacific**, les Quatre Grands (Huntingdon, Crocker, Stanford et Hopkins) contrôlaient la législature de Californie. Celle-ci veillait à ce que Central Pacific n'ait pas de concurrents en refusant de laisser d'autres voies ferrées pénétrer dans la région. On interdisait aux lignes concurrentes l'accès aux port californiens. Si cette nation avait véritablement eu une économie capitaliste, cette réglementation gouvernementale aurait été interdite par la Constitution et le monopole de **Central Pacific** n'aurait jamais pu être établi par décret.

Les chemins de fer n'étaient pas les seules cibles de la critique parmi les premières entreprises commerciales d'Amérique. Voyons, par exemple, comment fut traité John D. Rockefeller, fondateur de **Standard Oil**, le premier trust de la nation.

Au cours des années qui précédèrent la création de **Standard Oil**, ceux qui ne pouvaient payer l'huile de baleine coûteuse se passaient de lampe, car le pétrole lampant était encore à cette époque le combustible de l'avenir. Ce n'est qu'en 1859 que le célèbre puits jaillissant d'Edwin L. Drake à Titusville en Pennsylvanie révolutionna l'industrie du combustible. Au début des années 1860, l'industrie pétrolière que Rockefeller allait bientôt dominer était minuscule, désorganisée. Sa production était basse, le prix du brut fluctuait énormément et le produit raffiné était rare et coûteux. Quand Rockefeller commença à s'occuper de cette industrie, elle se composait tout au plus de derricks délabrés et de rêveurs. Néanmoins, deux ans plus tard, il investit $5 000 avec le talentueux Samuel Andrews, en vue de la construction d'une raffinerie. Grâce à un produit supérieur et à ses dons d'organisateur, l'entreprise de Rockefeller prit de l'expansion et devint la pionnière du domaine pétrolier.

On reprochait le plus souvent à Rockefeller de vendre à un prix inférieur à celui de ses concurrents grâce à des réductions de tarifs consenties en secret par les chemins de fer. Cette pratique fut en grande partie responsable de l'adoption, en 1887, de la loi sur le commerce entre les états. Pourtant, les rabais faisaient partie intégrante et légitime de l'économie ferroviaire. En les obtenant, Rockefeller réussissait à offrir lui-même des prix plus bas, permettant en définitive au consommateur d'en profiter.*

Que demandaient les réformateurs des pratiques finan-

---

*Voir **Throttling the Railroad:** de Clarence G. Carson, pages 52 à 63 (Copyright 1971). Distribué par **Foundation for Economic Education, Irvington on the Hudson,** New York.

cières ferroviaires lorsqu'ils se mirent à exiger la réglementation gouvernementale des chemins de fer? La justice? Carson dit:

> Être juste signifie, pour autant que je sache, accorder à chacun son dû. En terme d'économie, cela signifie qu'un homme devrait posséder ce qu'il a gagné ou ce que lui a donné quelqu'un qui l'a gagné. Pourvu que les chemins de fer assurent les services pour lesquels ils sont payés au tarif convenu avec chaque partie contractante, il semble que la justice ne soit pas remise en question. C'est dire que les accusations portées contre les chemins de fer n'étaient pas fondées puisqu'elles ne prouvaient aucun bris de contrat. S'il y avait eu bris de contrat, la partie lésée aurait eu un recours en justice. Aucune nouvelle loi n'était nécessaire pour assurer la justice.
>
> Toutefois, ce que demandaient les réformateurs n'était pas l'applicaion de la justice. Ils parlaient parfois de répartition juste, mais il s'agissait plutôt d'**égalité**...[8]

Examinons les conséquences de cette **égalité** dans la pratique ferroviaire. Il faudrait commencer par "calculer le coût de transport d'un article sur une certaine distance et le répartir entre les clients, conformément au nombre d'articles et à la distance parcourue... Il est évident qu'un tel calcul est impossible à faire. Même si on pouvait l'effectuer, il ne ferait que provoquer le chaos. Il ne pourrait s'agir que d'un **coût moyen** par article, par trajet, qui ne correspondrait que par hasard au coût réel du transport d'un article sur un certain trajet. **Si l'on imposait un tel coût moyen, on pourrait s'attendre à ce que tous les chemins de fer du pays tombent en faillite**, non seulement parce que le coût d'un service ferroviaire varie d'une société à l'autre, et même au sein de la même société, mais aussi parce que cette pratique irait à l'encontre de l'objectif des chemins de fer. Voilà pourquoi les programmes gouvernementaux ont eu des répercussions si néfastes; non parce que ces programmes étaient appliqués selon une méthode aussi simpliste que celle que nous venons de décrire, mais parce qu'ils ont donné lieu à certaines modifications de cette méthode qui ne tiennent pas compte des services offerts par les chemins de fer."[9]

Ce serait une erreur de présumer que chaque homme d'affaires du dix-neuvième siècle était un architecte du progrès tout comme ce serait une erreur de croire que l'intrusion gouvernementale dans l'économie a stimulé la concurrence au profit du consommateur. Dans la mesure où l'ingérence gouvernementale était réduite à sa plus simple expression, l'économie prospérait.

Les **maux** que signalent les critiques lorsqu'ils tentent de justifier la réglementation: mises en commun, conspirations, rabais et fixations des prix, étaient certainement des pratiques fort répandues chez les hommes d'affaires de l'époque. Pourtant, ces **maux** du libre marché n'arrivèrent pas à leur assurer le contrôle du marché. L'absence relative d'intervention gouvernementale permettait aux nouveaux concurrents de se lancer en affaires. C'est le consommateur qui, en définitive, en profitait.

La nature même du libre marché empêchait la prépondérance constante d'une même industrie. L'entreprise ne disposait que d'un moyen pour se débarrasser d'un concurrent et empêcher d'autres entrepreneurs de se lancer dans le marché — l'intervention gouvernementale. La grande entreprise seule ne pouvait rien faire pour freiner la concurrence. Le Docteur Benjamin A. Rogge nous explique pourquoi:

> ... la véritable concurrence se fait entre celui qui a une idée novatrice et prend les devants, et le suivant qui a lui aussi une bonne idée; en d'autres termes, c'est comme jouer à saute-mouton sans jamais s'arrêter. Voilà la véritable nature de la concurrence, qu'il s'agisse d'une, deux ou six entreprises, quels que soient leurs bénéfices, leur chiffre d'affaires... le temps fait son oeuvre à ce jeu: le dernier à

avoir une idée saute par-dessus son concurrent, et le jeu continue.[10]

Les entrepreneurs se rendirent compte qu'ils ne pouvaient freiner la concurrence par des pratiques de coupe-gorge. Ils durent faire appel à la législation pour accomplir ce que le libre marché n'aurait pas permis, étant donné sa nature. Comme l'explique Gabriel Kolko dans **The Triumph of Conservatism:**

Tous les efforts de Morgan et des promoteurs industriels en vue d'assurer la stabilité économique et le contrôle de diverses industries en même temps que la disparition de la concurrence destructive et non rentable étaient voués à l'échec... L'un des aspects dominants de la vie politique américaine au début de ce siècle fut la lutte que mena la grande entreprise en vue de la réglementation de l'économie... Il était impossible aux nombreux hommes d'affaires de ne pas tenir compte du fait qu'en plus des sanctions que pouvait imposer le gouvernement fédéral afin de faire taire toute critique hostile, le gouvernement présentait toujours l'attrait d'une source possible de subventions, de ressources et de bénéfices inattendus.

L'homme politique trouvait aussi son profit dans cette liaison entre le gouvernement et l'économie. A la suite des scandales provoqués par le Groupe de l'Erie et le Crédit Mobilier, les politiciens s'étaient attirés la colère publique. Il devenait rentable pour eux de se dissocier de telles entreprises. A cette fin, ils utilisèrent une tactique simple:

Rejeter le blâme sur les hommes d'affaires en les accusant de malfaisance et en présentant les politiciens dans un rôle d'anges gardiens... Que pouvait faire l'homme politique? Voter contre les chemins de fer et prouver son innocence vis-à-vis toute corruption. Le public interpréterait comme un symbole d'innocence le vote visant à freiner l'expansion de la grande entreprise.[12]

C'est une habitude qu'ont conservée les hommes politiques. Comme les grandes entreprises cherchent à se protéger en faisant adopter des règlements gouvernementaux et que les hommes politiques souhaitent se blanchir aux yeux de leurs électeurs, l'intervention gouvernementale, ce fardeau imposé à l'économie, s'est répandue de plus en plus. En dépit des effets nocifs de telles interventions, les gens sont convaincus que c'est le capitalisme qui fut la cause de tous les maux.

Mais le sentiment anti-capitaliste ne tire pas son origine d'Amérique. Le capitalisme a suscité énormément de critiques partout. Dès le début, la révolution industrielle en Angleterre et aux États-Unis fut considérée par une grande partie de la collectivité intellectuelle comme étant une invention diabolique. Les idées fausses d'autrefois sont solidement enracinées; elles finissent habituellement par donner ce que nous appelons la sagesse conventionelle de notre époque.

Plusieurs générations d'écrivains, d'ecclésiastiques et de critiques sociaux de divers acabits du dix-huitième et du dix-neuvième siècles eurent tendance à blâmer l'usine pour toutes les plaies sociales, réelles ou imaginaires. Bon nombre d'intellectuels, au cours de la révolution industrielle, ont regardé autour d'eux et se sont subitement aperçus de la présence de la pauvreté. Mais cette pauvreté n'était pas chose nouvelle. Pourquoi donc ce dégoût passionné du système qui améliorait graduellement le sort de l'homme? Le capitalisme fut peut-être son propre ennemi, et le pire. En haussant le niveau de vie général, il rendit plus évidente la pauvreté qui subsistait. Quelle qu'en soit l'explication, l'industrialisation fut dénoncée à tour de bras du haut des chaires, des tribunes et dans les journaux.

Le travail des enfants fut la cible préférée des premiers réformateurs. William Cooke Taylor écrivit à cette époque, à propos des réformateurs qui, voyant des enfants au travail dans des usines, se dirent: ''comme ce serait merveilleux de les voir gambader et s'épanouir à la campagne; dans un pré vert parsemé de boutons d'or et de marguerites; au chant des oiseaux et au bourdonnement des abeilles…"[13] Mais pour bon nombre de ces enfants, l'usine était véritablement la seule chance de survie. Nous oublions aujourd'hui que souvent les gens mouraient de faim et de froid avant la révolution industrielle, car l'économie pré-capitaliste arrivait à peine à faire vivre la population. Oui, bien sûr, les enfants étaient au travail. Auparavant, ils seraient morts de faim. Ce n'est qu'après avoir réussi à produire des biens en abondance à un prix moindre que les hommes purent faire vivre leur famille sans envoyer leurs enfants à l'usine. Ce ne fut ni le réformateur ni l'homme politique qui mit fin au travail des enfants en usine, triste nécessité de l'époque. Ce fut le capitalisme.

Les auteurs anticapitalistes du dix-neuvième siècle en Angleterre se scandalisèrent du piètre état et de la tristesse des logements; mais l'État n'arrangeait pas les choses. T. S. Ashton signale, relativement aux prêts usuraires, qu'une des principales raisons du manque de logements destinés aux travailleurs était la grande difficulté d'emprunter qu'éprouvaient les constructeurs. De plus, la brique était assujettie à de lourds impôts tandis que les droits de douane sur le bois d'oeuvre de la Baltique, de meilleure qualité, en rendaient le coût pratiquement prohibitif. Le bras lourd des bureaucrates ne fit pas grand-chose pour stimuler le progrès. Ashton ajoute:

> Si la maladie régnait dans les villes, les responsables furent en partie les législateurs qui, en taxant les fenêtres, imposèrent un prix à la lumière et à l'air. En imposant les briques et les tuiles, ils découragèrent la construction de canivaux et d'égouts. Ceux qui s'indignent du fait que les eaux usées se mêlaient souvent à l'eau potable, et attribuent cette situation, comme bien d'autres horreurs, à la révolution industrielle, devraient se rappeler que sans les tuyaux de fer, produits de cette révolution, on n'aurait jamais pu

résoudre le problème que posait la vie salubre d'une grande population dans une ville.[14]

Le professeur W. H. Hutt, qui nous relate l'épisode du rapport du Comité Sadler en 1832, en conclut que les écrits tendencieux caractérisaient aussi cette période. Sadler tenta de faire adopter par le Parlement un projet de loi limitant la journée de travail à dix heures. Dans ce but, le Parlement constitua un comité dirigé par Sadler afin d'enquêter sur les nombreux rapports de cruauté dans les usines. Ce rapport, dénué de toute objectivité, était tout aussi inexact que sensationnel. Même le collègue de Karl Marx, Friedrich Engels, décrivit le rapport Sadler comme étant "fortement partisan, préparé par des ennemis jurés du système des usines, aux fins du parti. Sadler se laissa même entraîner, par son noble enthousiasme, à faire les déclarations les plus fausses et les plus erronées..."[15]

Le rapport Sadler, relatant d'innombrables histoires de brutalité, de dégradation et d'oppresion, eut énormément de répercussions. Il fut la bible des réformateurs indignés jusqu'au début du vingtième siècle. Hammonds le décrit comme étant "l'une des principales sources de connaissance des conditions de vie en usine à cette époque. En le feuilletant, le lecteur voit se dérouler sous ses yeux, sous forme de dialogues, la vie que menaient les victimes du système".[16] Hutchins et Harrison le décrirent comme étant "l'une des collections les plus précieuses de témoignages sur les conditions de vie dans les usines."[17]

Il fait peu de doute qu'une bonne partie de l'anticapitalisme actuel remonte aux réformateurs incendiaires du dix-neuvième siècle comme Sadler. Bertrand Russell et Matthew Josephson ont-ils été influencés par le rapport Sadler ou par les travaux de Hammonds ou de Hutchins et Harrison? Il est certain que cette influence fut considérable. Il est certain aussi que ces réformateurs ont influencé Schlesinger, Galbraith, Theobald et les intellectuels qui prônent le dirigisme économique et le collectivisme comme étant la solution de tous les problèmes.

CHAPITRE DEUX

Dans le pétrin

L'idée fausse voulant que les barons voleurs aient pris le pouvoir à cause du manque de réglementation gouvernementals s'est transformée en doctrine économique. Une opinion aussi bien enracinée dans notre philosophie économique contemporaine prétend que les cycles de prospérité-dépression sont caractéristiques du capitalisme. La plupart des gens sont convaincus que le capitalisme fut à l'origine de la crise économique de 1929.

Il ne fait aucun doute que la majorité des Américains partage cette conception du capitalisme, même ceux qui se disent partisans de la libre entreprise. Ces accusations sont-elles fondées? Les cycles prospérité-dépression caractérisent-ils le libre marché?

Il y a autant de théories sur les cycles économiques que d'économistes pour les exposer. Le professeur Ludwig von Mises, économiste de renom, est peut-être celui qui donne de ces fluctuations l'interprétation la plus pertinente.

LA CRISE DE 1929
LA THÉORIE DE MISES

La tendance à l'instabilité n'est pas une des caractéristiques inhérentes au capitalisme du laisser-faire. En réalité, le marché monétaire exempt d'intervention gouvernementale jouit du stabilisateur idéal: le taux d'intérêt. C'est comme un poteau indicateur montrant à l'homme d'affaires la voie à suivre.

Que signifient les taux d'intérêt bas: Quand les taux d'intérêt sont bas, cela veut dire que les gens sont enclins à prêter leur argent. Ils veulent bien renoncer à une consommation immédiate en vue de bénéfices futurs. Par exemple, un consommateur remettra à plus tard l'achat d'un refrigérateur dans le but d'épargner pour se construire une maison dans dix ans. Au lieu de le dépenser pour l'achat de biens de consommation, cet homme met son argent en banque. Ses dépôts sont alors à la disposition des hommes d'affaires désireux d'emprunter. Si le comportement de ce consommateur est imité par des dizaines de milliers d'autres, les fonds à la disposition des emprunteurs seront abondants et les taux d'intérêts baisseront. Quand ces taux sont bas, ils encouragent les entrepreneurs à faire des emprunts à long terme et à miser sur des immobilisations comme les aciéries, les chemins de fer et les terrains. Ces entreprises ne produiront pas avant des années, mais lorsqu'elles le feront, elles trouveront un marché, car les consommateurs épargnants seront alors prêts à bâtir leur maison. Les terres aménagées seront prêtes, attendant l'acheteur, les aciéries pourront fournir les clous et les chemins de fer transporteront le bois d'oeuvre. Les faibles taux d'intérêt ont pour résultat la création de structures économiques appropriées aux désirs à long terme du public consommateur.

Que signifient les taux d'intérêt élevés: Si les taux d'intérêt sont élevés, c'est que l'argent à la disposition des emprunteurs se fait rare. Des prêts excessifs ont peut-être été consentis; les prêteurs hésitent en raison de l'instabilité politique; la situation économique n'inspire pas l'optimisme; les gens ont consacré leur argent à l'achat de maisons plutôt que d'attendre. Quelle qu'en soit la raison, les taux d'intérêt élevés découragent ceux qui auraient pu investir dans des immobilisations à long terme, sans lesquelles aucun marché digne de confiance ne peut exister.

Les taux d'intérêt indiquent à l'homme d'affaires la direction que peut prendre son placement. Admettons que les taux d'intérêt devraient être élevés, mais sont maintenus bas artificiellement par une certaine intervention gouvernementale, comme l'expansion artificielle du crédit. Les signaux sont brouillés. Il s'ensuit des investissements excessifs, surtout dans le secteur des immobilisations. Ces placements sont faits dans les mauvais secteurs. On peut toujours retarder l'heure de la vérité en créant l'expansion du crédit, mais on ne pourra fuir éternellement le jugement dernier car les hommes d'affaires ont fait des placements qui ne peuvent s'intégrer à l'économie. Ces entreprises finiront par cesser leurs opérations. Des travailleurs seront mis à pied et les effets se feront sentir rapidement jusque dans le secteur des biens de consommation. La dépression est amorcée.

Ainsi, la structure du crédit (en termes de taux d'intérêt) constitue le signal automatique de l'activité économique. Pourtant, le gouvernement ne cesse de brouiller ce signal. L'expansion artificielle du crédit peut être causée par l'intervention directe du gouvernement ou découler de l'émission de devises peu sûres. De toute façon, le résultat de cette inflation monétaire sera un taux d'intérêt maintenu artificiellement bas, qui engendre par le fait même les cycles de creux et de crêtes du profil économique.

Les grandes dépressions de ce pays ont commencé en 1837, 1873, 1892 et 1929. D'après la théorie de von Mises, dans chaque cas, l'éclatement était précédé par plusieurs années d'inflation quelconque inspirée par le gouvernement. Avant le Krach de 1837 le mécanisme principal était l'émission, par les différentes banques d'État, de devises en papier non sûres. La crise de 1873 fut précédée de l'inflation créée par le gouvernement à la suite de la guerre civile. La dépression de 1892 fut précipitée en partie par l'émission de certificats-argent. La grande dépression des années trente fut précédée par une décennie d'inflation engendrée surtout par le système des réserves fédérales.

D'autres facteurs ont contribué à ces cycles d'expansion et d'éclatement, mais dans chaque cas, le principal responsable fut l'expansion du crédit résultant d'une forme quelconque d'intervention gouvernementale. Ce qui ne signifie pas que les fluctuations seraient absentes sans l'ingérence gouvernementale, car souvent, les hommes d'affaires font de mauvais calculs, commettent des erreurs et investissent trop au mauvais moment ou aux mauvais endroits. Même dans une économie libre, des dislocations se produisent et des ajustements sont nécessaires. Mais leurs effets sont locaux et de courte durée. Toutefois, à cause de la pression inexorable d'une politique gouvernementale délibérée, l'ensemble de l'économie se trouve généralement entraînée dans une vague nationale de spéculations qui s'enfle et se gonfle jusqu'à ce qu'elle s'effondre.

LA CRISE ÉCONOMIQUE DE 1929 — QUELLES EN FURENT LES CAUSES

La crise économique de 1929 n'est pas le résultat d'un simple hasard. Elle n'a pas non plus débuté en 1929. On en avait jeté les bases bien des années auparavant.

Le "Federal Reserve System", constitué par une loi adoptée en 1913, prévoyait la création d'une banque centrale dont les banquiers pourraient retirer des fonds lorsqu'ils se trouveraient en difficulté. Avant 1913, les banquiers privés étaient toujours prêts à mettre leurs ressources en commun pour appuyer ceux d'entre eux qui méritaient de l'être. Il aurait été préférable que le système monétaire de la nation reste du domaine privé, car le système des réserves fédérales s'est avéré le moteur de l'inflation qui déséquilibra complètement l'économie.

Entre juin 1921 et juin 1929, les disponibilités monétaires du pays (les devises plus leurs substituts, comme les dépôts en banque) augmentèrent de l'étonnant pourcentage de 62% passant de 45,3 milliards à 73,3 milliards de dollars.[1] La nature du système bancaire à réserves fractionnaires contrôlé par le gouvernement est telle que cette hausse de $28 milliards fut engendrée par une augmentation bien inférieure des réserves des banques, augmentation due au système des réserves fédérales. On peut lire, dans un dépliant pubié par le "Federal Reserve System", une explication du mécanisme du système bancaire des réserves fractionnaires et l'effet de la politique fédérale de réserves sur les disponibilités monétaires:

> Le "Federal Reserve System" est le seul mécanisme auquel la loi accorde le pouvoir discrétionnaire de créer (ou de supprimer) l'argent qui sert de réserve aux banques ou de comptant en caisse pour le public. C'est donc aux réserves fédérales qu'incombe la responsabilité ultime d'étendre ou de réduire les disponibilités monétaires.[2]

Bref, le système fédéral contrôle les disponibilités monétaires en manipulant les réserves bancaires. Les mécanismes par lesquels les réserves bancaires furent manipulées par le Système fédéral des réserves au cours des années qui ont précédé la grande Crise étaient les suivants: faible taux de réescompte, achat sur le marché libre de fonds gouvernementaux et achat poussé d'acceptations — l'ensemble de ces mécanismes constituant une politique d'argent à bon marché!*

On adopta cette politique pour "aider l'entreprise", encourager les prêts à l'étranger et sauver l'Angleterre des conséquences de sa propre inflation.

En facilitant le crédit, on visait à favoriser la prospérité des entreprises. Le Secrétaire au Trésor, William McAdoo, expliquait ainsi la politique de crédit facile:

> Le principal but de la loi sur les réserves fédérales "Federal Reserve Act" est de modifier et de renforcer notre système bancaire de sorte que les crédits nécessaires pour répondre

---

*On trouvera des renseignements sur la politique d'argent à bon marché dans **America's Great Depression** de Murray Rothbard et **The Great Contradiction 1929-1933** de Hilton Friedman.

aux besoins de nos entreprises commerciales et agricoles soient créés par le fait même à des taux d'intérêt suffisamment bas pour prospérer.[3]

Deuxièmement, les prêts à l'étranger étaient sensés permettre à certains pays d'acheter des produits américains, surtout des denrées agricoles. Au début des années vingt, l'agriculture américaine était au creux de la vague, surtout à cause des réactions aux tarifs douaniers protectionnistes de Forney-McCumber adoptés en 1922. Incapables de nous vendre leurs produits, les Européens éprouvaient des difficultés à acheter chez nous. Les prêts à l'étranger devaient fournir aux Européens le pouvoir d'achat supprimé par le tarif. Le secrétaire au Commerce, Hoover, ajouta que même les "mauvais prêts" aidaient les exportations américaines.[4] Il aurait été plus sage de réduire les tarifs douaniers plutôt que d'encourager la prolifération de prêts douteux; mais hélas, ce n'est pas ainsi que raisonne l'État, même à l'heure actuelle.

Enfin, le motif le moins louable dans cette politique d'inflation délibérée était sans doute le désir humanitaire de protéger l'Angleterre des conséquences de ses propres politiques novices d'argent à bon marché. La Grande-Bretagne perdait de l'or à un rythme alarmant aux mains des États-Unis, et les responsables du système des réserves fédérales cherchèrent à sauver les Britanniques de l'embarras en dépréciant délibérément nos propres devises. En ce faisant, les taux d'intérêts seraient forcés de descendre et la balance en capitaux passerait de l'Amérique à l'Angleterre. Le Dr. Benjamin Anderson, alors économiste à la **Chase Manhattan Bank**, écrit dans son livre **Economics and The Public Welfare:**

Les gouverneurs des onze autres banques le réserves fédérales furent convoqués à Washington (en 1927). On ne leur dit pas toute la vérité. On leur affirma plutôt que cette politique d'argent à bon marché visait à aider les agriculteurs. On ne leur apprit pas que son principal but était de ne pas obliger l'Angleterre à faire honneur à ses obligations d'or envers la France, et de permettre aux Britanniques de poursuivre une politique d'argent à bon marché dans des proportions tout à fait injustifiées...

La **Chicago Federal Reserve Bank,**soupçonneuse, désapprouva l'idée. Elle était mieux placée que les banques de réserves fédérales des villes reculées pour prévoir ce qu'entraînerait une politique d'argent à bon marché. Le gouverneur de **Chicago Federal Reserve Bank** avait moins confiance dans le gouverneur Strong que la plupart des autres gouverneurs. C'est pourquoi la banque de Chicago refusa de réduire son taux (de réescompte). Mais le bureau des réserves fédérales à washington outrepassa la décision de **Chicago Federal Reserve** Bank et, de sa propre autorité, réduisit le taux de cette banque...[5]

C'est ainsi, par divers moyens, pendant près de huit ans, que le système des réserves fédérales attisa l'inflation, augmentant les disponibilités monétaires d'environ 62%. La bourse fut le principal baromètre de cette augmentation. Elle atteignit des sommets incroyables. Chaque fois qu'elle menaçait de fléchir, des propos rassurants prononcés au moment opportun par le Secrétaire au Trésor ou par le Président Coolidge suffisaient à la faire monter en flèche.

En novembre 1922, la moyenne des valeurs industrielles, selon le New York Times, était de 108; sept ans plus tard, cette moyenne grimpait à 381.[6] Le système des réserves fédérales fit une timide tentative pour resserrer les crédits trop abondants, mais il était beaucoup trop tard. La fin était proche. C'était en octobre 1929.

Quatre millions d'actions changeaient de mains en moyenne en une journée. Le 23 octobre 1929, plus de deux millions et demie d'actions furent négociées au cours de la dernière heure seulement. La moyenne publiée par **Times** chuta de 415 à 384. Le lendemain, le jeudi 24 octobre, fut le "jeudi noir". Ce jour-là, plus de treize millions d'actions changèrent de mains dans un climat d'affolement total; les vagues de ventes se suivirent sans arrêt et firent baisser le marché. C'est à ce moment qu'apparut "l'appui organisé", c'est-à-dire la mise en commun des ressources des principaux banquiers qui réussirent à contenir la marée. La crainte disparut et la confiance revint. A la fin de la journée, le marché s'était raffermi de façon étonnante, ne perdant que douze points, soit le tiers de la perte de la veille. Toute la journée du vendredi et la matinée du samedi, le marché demeura relativement ferme.

Mais les choses allèrent mal le lundi; 9 250 000 actions changèrent de mains et les industrielles chutèrent de 49 points dans le **Times**. Cette fois-ci il n'y eut pas d'"appui organisé". Le mardi fut pire encore, avec 16 400 000 actions négociées et une autre baisse de 43 points. Le mercredi, peut-être en raison des propos rassurants du Secrétaire au Commerce du Président Hoover, le marché reprit, montant de 31 points. Le lendemain, il reprit 21 points de plus. La bourse était fermée vendredi, samedi et dimanche; il semblait y avoir de l'espoir.

Lundi, le marché perdit 22 points. Mardi était jour d'élections à New York et la bourse était fermée. Le mercredi, elle perdit 37 points. Le jeudi et le vendredi, le marché fut stable, mais au cours des trois premières journée de la semaine suivante, il perdit encore 50 points. Tout était fini.

Quelles ont été les causes de la grande crise? Non pas le capitalisme ou "l'avidité des hommes d'affaires", la "sous-consommation" ou la "surproduction". Ce n'était pas non plus l'effet du hasard. Elle résultait fondamentalement de l'intervention gouvernementale, et c'est justement la poursuite de ces politiques interventionnistes au cours des administrations Hoover et Roosevelt qui prolongea la crise pendant près de dix ans.

LA CRISE ÉCONOMIQUE DE 1929 ET CE QUI LA PROLONGEA.

L'ADMINISTRATION HOOVER

Herbert Hoover était Président depuis à peine un an quand se produisit le Krach. La notion sans doute la plus pernicieuse au sein de l'administration Hoover était que les salaires élevés engendrent la prospérité. Selon ce principe, on arriverait à vaincre la crise en maintenant les salaires élevés, même si les prix baissaient et si les profits étaient anéantis. A mesure que s'installait la crise, des dispositions furent prises rapidement. Lors d'une série de conférences, en novembre, Hoover reçut l'assurance de la plupart des chefs des grandes entreprises qu'ils ne réduiraient pas les salaires. Mais au moment d'une dépression, il est essentiel que les salaires trop élevés baissent, tout comme les prix trop élevés. Si les salaires sont maintenus à un niveau élevé malgré les baisses de bénéfices, ils entraînent des faillites et l'augmentation du chômage. C'est précisément ce qui se passa.

Jusqu'au milieu de 1931, les salaires horaires avaient baissé seulement de 4% tandis que les salaires véritables avaient en réalité monté, étant donné la baisse des prix, d'environ 11%. Hoover, par sa politique salariale, souhaitait maintenir un "pouvoir d'achat" national élevé. Mais il obtint le résultat opposé, car il se retrouva avec huit millions de chômeurs.[7]

Le gouvernement avait d'autres cordes à son arc. Pour en revenir au mois de juin 1929, le Congrès avait adopté la loi de commercialisation des produits agricoles, en vertu de laquelle était constituée la "Federal Farm Board" (FFB). Le but de cette commission était double: consentir des prêts à faible intérêt aux coopératives agricoles et soutenir les prix. Pour soutenir le prix du blé, la FFB mit sur pied la corporation nationale céréalière des fermiers (Farmers National Grain Corporation) à laquelle le gouvernement accorda $10 millions de dollars. Les agriculteurs, disposant d'un marché assuré à des prix subventionnés, cultivèrent encore plus de blé. Comme il y avait de nouveaux surplus, les prix continuèrent de baisser et on accorda à la FFB $100 millions supplémentaires pour continuer le processus.[8]

Dans une tentative pour stabiliser les prix, l'administration mit sur pied la "Grain Stabilization Corporation". Pour réduire les surplus, le Secrétaire à l'Agriculture incita les fermiers à restreindre leurs surfaces ensemencées. Il va sans dire que les surplus de blé continuèrent de s'empiler. La FFB eut tout autant de succès avec le coton. En 1931, le Président Stone implora les exploitants agricoles de détruire un rang de coton sur trois en l'enfouissant dans le champ. En 1933, les programme de soutien du blé et du coton avaient coûté $300 millions aux contribuables.[9]

La FFB eut tout autant de "succès" avec la laine, le beurre, les haricots, les pacanes, les figues, les raisins secs, les pommes de terre, les pommes, les bettraves à sucre, le miel, les noix, le sirop d'érable, le tabac, la volaille, les oeufs et le riz. Benjamin Anderson fait le commentaire suivant:
"Ceux qui condamnent le New Deal de Roosevelt pour ses folies agricoles de 1933 et des années qui suivirent... ne peuvent le taxer d'originalité sur ce point."[10]

Aucune loi n'est plus insidieuse ni plus nocive sur le plan économique qu'un tarif douanier protecteur. Et pourtant, en 1930, le Président Hoover apposait sa signature à la loi sur le tarif douanier Smoot-Hawley, qui imposait les tarifs les plus élevés de l'histoire des États-Unis. Anderson décrit cette mesure comme étant "le couronnement de la folie financière de la période s'échelonnant entre 1920 et 1933." Le jour de l'adoption de la loi, le cours des valeurs, déjà soumis à de fortes pressions, reçut le coup de grâce et baissa de 20 points. Le tarif Smoot-Hawley déclencha une vague de protectionnisme destructeur dans le monde entier et paralysa pratiquement le commerce international.

L'administration prôna alors l'expansion du crédit à des taux bas (encore de l'inflation) et augmenta les fonds consacrés aux travaux publics. En février 1931, le Président Hoover paraphait la loi créant des travaux publics de l'ordre d'un milliard de dollars, la loi sur la Stabilisation de l'Emploi. En 1932, l'économie fatiguée devait subir le fardeau supplémentaire de l'augmentation marquée des impôts. La principale réalisation de l'année fut toutefois la création de la Corporation de Financement de la Reconstruction (RFC) dont le but était de prêter aux entreprises en difficulté, dont la situation était trop précaire pour mériter le soutien des investisseurs privés.

Une dépression est causée par les mauvais placements, par des investissements dans des immobilisations pour lesquelles n'existe aucune demande réelle. Pour redresser la situation, il faut retirer les capitaux des secteurs où ils ont été mal investis et les réinvestir à des fins utiles. Les programmes comme celui de la **RFC**, visant à soutenir les commerces en mauvaise posture, n'ont servi qu'à retarder les liquidations et les réajustements indispensables au redressement de l'économie. Néanmoins, en 1932, la portée de la **RFC** était élargie: elle englobait dorénavant les prêts à l'agriculture ainsi qu'aux villes et aux états à des fins de travaux publics et de secours direct.

Les pays comptait alors douze millions de chômeurs.[11] Le premier programme national de secours direct fut adopté en 1932. Au cours de cette période, le système des réserves fédérales pourvuisit d'importants achats de fonds gouvernementaux afin d'augmenter les réserves des banques, continuant ainsi de gonfler les disponibilités monétaires. Les banques, qui commençaient à s'inquiéter de la situation, évitaient de prêter jusqu'à la limite permise par la loi. Ce fut l'une des principales raisons pour lesquelles les tentatives de l'administration pour créer plus d'inflation furent mises en échec. Courroucé, le président de la **RFC,** Atlee Pomerene déclara: "à l'heure actuelle... et je mesure toute la portée de mes paroles, une banque dont les liquidités sont de l'ordre de 75% ou plus et qui refuse de prêter contre des garanties convenables est un parasite pour la collectivité."

En 1932, douze millions d'hommes, soit 25% de la main-d'oeuvre, étaient sans travail. Le mandat de Hoover était terminé. Selon ses propres termes, au moment de l'acceptation de sa remise en candidature au parti, il avait véritablement fait appel au "programme le plus gigantesque de défense et de contre-attaque économiques jamais élaboré dans l'histoire de la République." Ce gigantesque programme d'intervention gouvernementale fut un échec tragique.

L'ADMINISTRATION ROOSEVELT

Bon nombre de procapitalistes avaient de bonnes raisons d'être désenchantés de l'administration Hoover et ils voyaient en Franklin D. Roosevelt la perspective d'un retour rapide à une saine économie. Au cours de sa campagne électorale, Roosevelt avait promis d'équilibrer le budget, de réduite de 25% les dépenses gouvernementales, d'adhérer à l'étalon or et de mettre fin à la prolifération des organismes gouvernementaux. Selon ses propres termes: "Si l'on pouvait trouver des esprits supérieurs désintéressés, prêts sans hésiter à travailler à l'encontre de leurs propres intérêts ou de leurs idées préconçues, des demi-dieux, capable de tenir la balance de la justice d'une main ferme, un tel gouvernement travaillerait dans l'intérêt du pays, mais il n'y en a pas à l'horizon de notre univers politique et on ne peut s'attendre à un renversement total de tous les enseignements de l'histoire."[13] C'était réconfortant et bien des gens travaillèrent actiment au nom de cette philosophie.

Ce fut donc à leur grand étonnement que le New Deal plongea la nation encore plus profondément dans les délices du dirigisme économique. On a beaucoup parlé de l'abandon de l'étalon or, mais un fait dont l'importance se fit sentir pendant beaucoup plus longtemps fut la saisie de l'or détenu par les particuliers. Quand on n'impose pas de restrictions sur la possession et l'utilisation de l'or, les gens sont en définitive libres d'accepter ou de rejeter le papier-monnaie selon leur propre évaluation de l'intégrité de ses émetteurs. La propriété privée de l'or représentait un empêchement éventuel à la mise en place des contrôles économiques du New Deal. C'est pourquoi l'administration se mit rapidement en frais de prendre possession physique et d'acquérir légalement les titres de tout l'or de la nation.

Dès sont entrée en fonction, Roosevelt mis la dernière main à l'adoption de la loi des Opérations Bancaires d'Urgence (le 9 mars 1933) remettant à l'administration des pouvoirs discrétionnaires sur l'argent. Le 5 avril, on fit appel à ces pouvoirs. En vertu du décret présidentiel 6102, les particuliers devaient, sous la menace de lourdes peines, changer tout leur or, lingots, pièces d'or et certificats sur or, contre d'autres formes de devises. On ordonna aux banques de livrer leur or aux banques des réserves fédérales en échange pour du crédit ou des paiements. Les banques des réserves fédérales devaient à leur tour livrer l'or au Trésor.[14]

Au cours de la campagne qui avait précédé son élection, Roosevelt avait appuyé entièrement un discours du Sénateur démocrate Glass, au cours duquel ce dernier s'était engagé, au nom des démocrates, à soutenir l'étalon or. L'or ayant été retiré des mains des particuliers, l'étalon or fut abandonné. L'amendement Thomas accordait au Président des pouvoirs discrétionnaires pour dévaluer le dollar de moitié. "C'est honteux, monsieur, s'écria le Sénateur Glass, consterné. Ce grand gouvernement, fort de son or ne tient pas sa promesse envers ceux-là mêmes à qui il a vendu des obligations, s'engageant à les payer en pièces d'or, à la valeur courante de l'étalon. Il ne tient pas ses promesses de racheter son papier-monnaie en pièces d'or à la valeur actuelle de l'étalon. C'est honteux, monsieur![15]

Le 5 juin 1933, le Congrès déclarait non valide la clause de rachat en or des contrats privés et de toutes les obligations gouvernementales. En d'autres termes, ceux qui, de bonne foi, avaient acheté des obligations du gouvernement rachetables en pièces d'or ou qui avaient des billets de la réserve fédérale soutenus par l'or, furent victimes de fraude. Le Sénateur Gore de l'Oklahoma déclare à Roosevelt "Et bien, c'est du vol pur et simple, n'est-ce pas, monsieur le Président?[16]

Finalement, conformément à la Loi sur les Réserves d'Or du 30 janvier 1934, le gouvernement fédéral prit légalement possession de tout l'or accumulé dans le Trésor, le payant en soi-disant **certificats or**. Ces certificats ne précisaient pas, toutefois, quelle valeur en or ils représentaient. Le Docteur Benjamin Anderson fut l'un de ceux qui témoignèrent devant le Comité du Sénat sur les Banques et la Monnaie. Il écrit qu'il protesta contre la nature vague de ces **certificats**. Sur ce "l'un des sénateurs de l'administration le prit à part en souriant et lui dit: " Docteur, vous ne comprenez pas ce qui signifient ces certificats or. Ils n'attestent pas que vous pouvez obtenir de l'or, mais bien qu'on vous a pris de l'or.[17]

L'or étant, à partir de ce moment, entre les mains de l'Etat, légalement et physiquement, on devine facilement le reste. Conformément à la loi sur les Réserves d'Or, le Président finit par dévaluer le dollar à un niveau fixe d'environ soixante pour cent de sa valeur originale. Le gouvernement réalisa des " bénéfices" nets d'environ 2,8 milliards de dollars, puisque la valeur du papier-monnaie avec lequel il avait acheté l'or était fortement dépréciée.[15]

La saisie de l'or par l'Etat a été non seulement un acte malhonnête, mais très malsain sur le plan économique, car l'appropriation des biens privés des citoyens américains était peu propre à redonner confiance aux entrepreneurs. Le sens véritable de ces mesures apparaît ailleurs. Par le passé, le gouvernement fédéral exerçait un contrôle considérable sur l'argent de la nation, mais maintenant que tout l'or était entre les mains de l'État, son contrôle était presque absolu.

Avant la dévaluation finale, les conseillers de Roosevelt, (The Brain Trust) se lancèrent dans des expériences poussées de "gestion monétaire". A cette époque, l'une des théories à la mode voulait que le niveau du prix des denrées puisse être réglé en variant simplement la teneur en or du dollar.

Jour après jour, l'administration jouait avec la teneur en or du dollar en variant le prix auquel le gouvernement était prêt à acheter l'or. Tout commença à $31.26 l'once. Un peu plus le jour suivant, et encore plus le surlendemain, sans tenir aucun compte de la réalité économique. Le Secrétaire au Trésor, Morganthau, décrivit plusieurs années plus tard comment on fixait le prix quotidien de l'or:

> "Tous les matins, Jesse Jones et moi retrouvions Georges Warren dans la chambre du Président pour fixer le prix de l'or de la journée. Franklin Roosevelt était confortablement allongé dans son lit d'acajou antique...

> Le prix réel... importait peu... Un jour que, sans doute, j'étais plus inquiet que d'habitude du sort du monde, nous prévoyions une hausse de 19 à 22 cents. Roosevelt jeta un coup d'oeil vers moi et suggéra une hausse de 21 cents.

> "C'est un chiffre chanceux, dit le Président en riant, trois fois sept." Ce jour-là, je notai dans mon journal intime: "Si quelqu'un savait comment nous fixons véritablement le prix de l'or... je pense qu'il serait véritablement effrayé." [19]

Il va sans dire que ce système ne marcha pas. Comme d'habitude, le gouvernement ne traitait que les symptômes sans s'occuper des causes sous-jacentes, ce qui eut pour résultat, non pas de hausser le prix des denrées, mais de déprimer l'activité économique. Combien valait le dollar? Vaudrait-il encore quoi que ce soit dans un an ou dans deux? Comment pouvait-on établir un taux d'intérêt? Le Sénateur Glass déclara, épouvanté; "Personne, à moins d'être un aliéné mental, ne prêtera son argent sur l'hypothèque d'une ferme." [20] Mais Le "Brain Trust" était prêt à combler le vide du crédit privé que ses propres politiques avaient contribué à créer. Par le truchement d'organismes tels que la Corporation de Financement de la Reconstruction, l'Administration du Crédit Agricole et la Corporation des Prêts aux Propriétaires de Résidences, la capitale financière de la nation devint Washington, aux dépens de New York. "Washington, dit Roosevelt, a l'argent et attend qu'on lui présente des projets appropriés pour le distribuer." [21]

Rarement, une des lois du New Deal atteignait-elle le but qu'on lui avait fixé à l'origine. Elles finissaient toutes par donner de plus en plus de pouvoirs à l'Etat.

L'un des programmes les plus draconiens à cet égard fut la loi de la Relance nationale **NRA**, de fâcheuse rénommée. Elle avait pour but d'élaborer des codes de prix, taux, salaires minimums, etc., pour chaque industrie. Ce n'est pas rendre hommage à la collectivité industrielle que de dire que certains de ses membres, attirés par la perspective d'une immunité contre les rigueurs de la concurrence, appuyèrent le projet au début. Mais leur enthousiasme s'effrita lorsqu'il apparut que la **NRA** verrait à l'application, non seulement d'une politique de prix mais aussi de salaires rigides, à la réduction des heures de travail et à l'augmentation de l'embauche. Le but de la **NRA** était de faire monter les prix et le pouvoir d'achat en même temps.

La politique du salaire minimun de la **NRA** traduisait le concept suivant: si l'on haussait les salaires arbitrairement, la prospérité serait en quelque sorte assurée. Mais l'accroissement des coûts de main-d'oeuvre imposa un fardeau intolérable aux entreprises. Il en résulta un déclin de la production industrielle d'environ 25% au cours des six premiers mois qui suivirent l'entrée en vigueur du programme de la **NRA** [22]. Les lois sur le salaire minimum ne firent qu'empêcher le travailleur marginal de trouver du travail. Charles F. Roos qui, à un certain moment, fut directeur de la Recherche pour la **NRA,**estima que ces codes du salaire minimum forcèrent environ un demi-million de noirs à quémander du secours direct en 1934. [23] Il ajoute que ces dispositions touchèrent particulièrement les travailleurs inexpérimentés et âgés.

La réglementation de l'industrie devint si forte que le tailleur Jack Magid fut arrêté, condamné à une amende et emprisonné pour avoir exigé trente-cinq cents pour le repassage d'un complet; le code de la **NRA** stipulait quarante cents. Dans le fameux cas **Schecter**, un marchand de volailles en gros fut trouvé coupable, entre autres choses, d'avoir permis la "sélection des poulets dans des cages." Cette pratique contrevenait au code de la volaille vivante du **NRA**. La cause arriva finalement en Cour Suprême qui décréta que le Congrès ne pouvait déléguer ses pouvoirs d'une façon presque illimitée et déclara inconstitutionnelle toute la loi de la Relance nationale.

La Cour Suprême démolit, à cette époque, bon nombre des mesures adoptées par le New Deal. C'est pourquoi ce dernier lança une campagne de propagande intensive contre le tribunal. On se mit à dire à tout-venant qu'il s'agissait de **neufs vieillards**. Après les élections de 1936, Roosevelt chercha à faire augmenter le nombre des juges de cette Cour afin de pouvoir y nommer ses propres représentants. Le Congrès qui, jusque là, l'avait suivi, se rebella et rejeta le projet.

C'est à l'époque du New Deal que les théories de l'économiste anglais John Maynard Keynes en vinrent à prédominer au gouvernement et dans les milieux universitaires. Il avait écrit, en 1932, dans **Yale Review:**

Le capitalisme international, décadent mais individualiste, entre les mains duquel nous nous sommes retrouvés après la guerre, n'est pas une réussite. Il n'est ni astucieux, ni beau, ni juste, ni vertueux, et ne tient pas ses promesses. En résumé, nous ne l'aimons pas et commençons même à le détester. Mais quand nous nous demandons par quoi le remplacer, nous restons fort perplexes. [25]

En 1935, il résumait sa pensée dans **General Theory of Employment, Interest and Money**, l'un des manuels d'économie les plus influents jamais écrits. Les **nouvelles** théories économiques de Keynes prônaient la réduction du taux d'intérêt des banques afin de stimuler les investissements, l'adoption de taux d'imposition progressifs pour uniformiser les revenus (et augmenter le pourcentage du revenu global pouvant être consacré à la consommation), ainsi que l'investissement dans les travaux publics par le gouvernement. Somme toute, cette théorie équivalait au dirigisme économique gouvernemental.

Les tenants du New Deal accueillirent à bras ouverts la doctrine keynesienne car elle était empreinte de respectabilité universitaire qui rejaillissait sur les partisans du dirigisme économique. Les leaders politiques souhaitaient-ils dominer les banques? Il leur suffisait de citer John Maynard Keynes à propos des vertus des devises "gérées". Souhaitaient-ils consolider leur pouvoir au moyen d'importantes dépenses fédérales? Ils citaient John Maynard Keynes à propos de la sagesse des dépenses déficitaires. Souhaitaient-ils mettre à leur portée les leviers de commande de l'économie nationale? Ils citaient toujours John Maynard Keynes.

Une des tactiques favorites de l'époque était l'amorçage. On dépensait des millions de dollars qui avaient pour effet de retarder la reprise plutôt que de l'amorcer. L'Etat ne peut injecter dans l'économie que ce qu'il a tout d'abord prélevé, soit ouvertement par les impôts, ou subrepticement par l'inflation. Quand le gouvernement dépense, l'économie boit son propre sang et finit par s'affaiblir. Stimulée par toute une série de remèdes de charlatans inventés par le New Deal, l'économie reprit un essor temporaire en 1936 et en 1937. Mais on ne peut guérir l'économie malade par d'autres interventions, pas plus qu'on ne guérit le toxicomane par des drogues. A la fin de 1937, l'économie fatiguée s'effrondait à nouveau. Au cours d'une période de neuf mois en 1937 et 1938, la production industrielle baissait de plus de 34%. Ce fut la réduction la plus forte de toute l'histoire du pays. Le déclin entre 1929 et 1932 était plus important, mais à aucun moment n'a-t-il été plus soudain qu'au cours de ces neuf mois. Le New Deal avait été le premier à réussir la mise en oeuvre d'une récession à l'intérieur d'une crise. On se retrouvait avec dix millions de chômeurs.

En 1938 et 1939, la réaction des conseillers de Roosevelt démontra que la triste expérience des années précédentes leur avait été peu profitable. En 1938, le pays comptait dix millions de chômeurs; c'était plus qu'en 1931. L'administration Roosevelt eut recours à nouveau aux panacées destructrices que son l'amorçage, les dépenses déficitaires et l'inflation.

A la déclaration de la deuxième grande Guerre, l'administration s'axa sur une priorité, la production massive en vue de l'effort de guerre. Cette politique raviva la nation qui avait survécu à une période de manipulations, de réglementation et d'ingérences gouvernementales sans précédent dans l'histoire des Etats-Unis.

La théorie économique démontre que seule inflation gouvernementale peut engendrer un cycle économique de grande amplitude et que la dépression est prolongée et aggravée par des mesures inflationnistes et interventionnistes... Il est grand temps d'exonérer l'économie du marché libre de la responsabilité pour la Grande Dépression, et de la faire endosser à qui de droit: les politiciens, les bureaucrates et toute une pléiade d'économistes **éclairés.** Et dans toutes les crises, passées et futures, l'histoire ne fait que se répéter.[26]

DEUXIÈME PARTIE

Les pains coûtent un dollar chacun
Mais nos dirigeants font de leur mieux
puisqu'ils le vendent un demi-sou.
Les impôts paient le reste!

Chapitre trois

Faute de pain on mange de la galette

En 1795, James Madison commentait un phénomène intéressant qu'il décrivait ainsi: "le vieux truc qui consiste à transformer chaque événement en source de renforcement du gouvernement." Madison savait de quoi il parlait.

Les Etats-Unis n'ont jamais joui d'un véritable libéralisme économique mais; dans la mesure où elle était libre, la nation a prospéré. A mesure que passaient les décennies, la réglementation augmentait et le désiquilibre ultérieur du marché servait à justifier l'imposition d'autre règlements. Avec la venue du New Deal, l'administration publique continua à se renforcer à un rythme accéléré. Depuis lors, les bureaucrates étendent chaque jour davantage leur emprise sur l'économie. La réglementation a mené à l'adoption d'autres règlements.

C'est toujours le "vieux truc de transformer chaque événement en source de renforcement du gouvernement."

Il y a des années, le gouvernement fédéral entreprit de subventionner la culture du coton. On découvrit alors que le prix élevé du coton américain nuisait aux exportations. Le gouvernement subventionna dont les exportateurs. Les propriétaires de filatures américaines signalèrent alors à l'administration que les filatures américaines pouvaient se procurer du coton américain à meilleur compte qu'eux. C'est pourquoi maintenant les filatures américaines sont subventionnées. C'est donc dire qu'à présent, les exploitants agricoles, les exportateurs et les filatures sont tous redevables à l'Etat pour son aide. Et ce que l'Etat subventionne, il le contrôle dans une mesure appréciable. "Le truc consiste à transformer chaque événement..."

Le bureaucrate fait monter les prix et demande ensuite plus de pouvoirs pour les faire baisser. Ou il cherche à **protéger** l'exploitant agricole et engendre des montagnes de surplus qui pourrissent; il demande ensuite qu'on étende ses pouvoirs sur l'agriculture afin de résoudre le problème qu'il a lui-même créé. Ou, il réglemente les chemins de fer jusqu'à ce qu'ils soient au bord de la faillite et incite le gouvernement à adopter un programme de prêts pour les "aider". Ou l'Etat, par l'adoption de diverses lois ouvrières, élimine à toutes fins pratiques la résistance de l'employeur face aux demandes incessantes des syndicats. Et quand le syndicat acquiert une puissance effarante, le conflit ouvrier est réglé par décret présidentiel plûtot que par des négociations libres. "Transformer chaque événement..."

L'argent

Jamais le vieux truc ne fut plus évident que dans le contrôle accru de l'argent. Il a des années, Georges Bernard Shaw déclara qu'il fallait choisir entre la stabilité de l'or et l'intégrité et l'intelligence de nos représentants au Parlement. "Avec tout le respect que je dois à ces messieurs, je conseille à l'électeur de voter pour l'or," dit Shaw. Ce fut l'un de ses commentaires les plus justes sur la politique.

C'est en se référant d'une façon permanente à un étalon stable qu'une devise peut rester stable et que les citoyens d'une nation peuvent se protéger du narcotique que constitue l'inflation inspirée par des manoeuvres politiques. En théorie, l'étalon monétaire pourrait être autre chose que l'or. En réalité, dans certaines sociétés primitives, on a recours au bétail, aux têtes réduites, aux épouses, aux dents de requin et ainsi de suite. Pour nous, l'or semble plus approprié, étant donné sa durée, sa quantité limitée, sa valeur esthétique; en d'autres termes, son acceptation globale en tant que denrée précieuse.

Mais certains économistes et hommes politiques deviennent nerveux lorsqu'on les soumet à la discipline impartiale de l'étalon or. Ils expliquent que l'or n'a aucune valeur intrinsèque à part l'ornementation: "l'or ne se mange pas, ne sert pas à réchauffer l'homme ni à refaire les toits. Pourquoi s'en servir? Pourquoi l'économie devrait-elle être disciplinée par l'or? " Il est vrai que l'or a une valeur intrinsèque limitée; sa valeur réelle réside précisément dans cette qualité qui déplaît à ses détracteurs: son insenbilité à la manipulation politique.

Dans une économie libre, les citoyens peuvent accepter ou refuser le papier-monnaie, selon leur opinion de l'intégrité apparente de ceux qui l'on émis. De la même façon, l'étalon or sert de moyen de freiner l'inflation galopante. Et pourtant, les chefs politiques de la nation cherchent depuis quarante ans à supprimer, par étapes, tout soutien métallique des réserves monétaires nationales. Voici les étapes qui retracent leurs progrès:

1. 1934: nationalisation de l'or. Interdiction aux particuliers de posséder de l'or, sauf à des fins industrielles, esthétiques et professionnelles.
2. 1945: réduction à 25% pour les billets et les dépôts combinés de l'exigences originale voulant que les banques des Réserves fédérales conservent une réserve or de 35% par rapport aux billets et de 40% par rapport aux dépôt des banques membres. En 1946, l'exigence des réserves par rapport aux dépôt est complètement abandonnée.
3. 1964: ordre de retrait, dans les plus brefs délais, des certificats-argent entièrement soutenus par de l'argent ou par son équivalent en or. Ces certificats-argent sont remplacés par des billets des Réserves fédérales.
4. 1965: la teneur en argent des nouvelles pièces de monnaie du pays est considérablement réduite.
5. 1968: les Réserves fédérales renoncent à exiger que leurs billets soient soutenus par de l'or. Cela signifie que les détenteurs étrangers privés ne peuvent plus convertir leurs dollars en or.

6. 1971: on ne permet plus aux banques centrales étrangères de convertir des dollars en or.
7. Les spécialistes américains préconisent toujours les droits spéciaux de tirage à substituer aux réserves or sur le plan international. En d'autres termes, du papier soutenu par du papier, qui alimente l'inflation dans laquelle on se lance tête première à l'échelle mondiale.

Voici certains des arguments qu'on présente en faveur du dirigisme politique de la masse monétaire par opposition à sa fluctuation libre sur le marché:

Par son influence sur le crédit, le gouvernement peut "contrôler le cycle économique"; il peut augmenter les taux d'intérêts pour freiner l'emballement et les réduire pour stimuler l'entreprise, dans le but d'éviter une dépression. Mais l'examen rationnel de l'économie des Etats-Unis au cours de son histoire démontre que l'ingérence du gouvernement fut généralement la principale cause d'un cycle d'emballement et de dépression.

Un deuxième argument milite en faveur de la régulation de la masse monétaire par les pouvoirs publics; certains prétendent qu'il faut constamment augmenter cette masse. Si l'on adoptait l'étalon or, comment la masse monétaire pourrait-elle s'accroître pour marcher de pair avec une économie en pleine expansion? Mais il n'est pas absolument nécessaire que la masse monétaire augmente. Si l'économie prenait de l'expansion sans que les disponibilités monétaires n'augmentent, la valeur de l'unité monétaire monterait graduellement, c'est-à-dire que les prix fléchiraient progressivement. Et après? Rien ne prescrit que la masse monétaire doive avoir un rapport fixe avec le produit national.

Un troisième argument à l'appui du contrôle politique des disponibilités monétaires est que le gouvernement, par l'inflation, est alors plus en mesure de financer ses divers programmes de dépenses. Ses dépenses, soutient-on, aident la "roue de l'économie à tourner''. Mais le gouvernement ne peut injecter dans l'économie que ce qu'il y a tout d'abord prélevé. Une augmentation artificielle des dollars ne fait que déprécier ceux qui sont déjà en circulation. Quand le gouvernement augmente son propre pouvoir d'achat en imprimant des billets, il ne fait que diminuer le pouvoir d'achat des autres agents économiques.

L'argument le moins complexe mais le plus constant à l'appui du dirigisme monétaire découle de l'illusion qu'une augmentation des disponibilités équivaut à un enrichissement. L'argent n'est pas la richesse; ce n'est qu'un moyen d'échange. La véritable richesse se trouve dans les biens et services que peuvent véritablement utiliser les gens. Si les vêtements, les aliments et les logements sont en abondance, la nation est prospère; si ces éléments sont rares, la nation est appauvrie, avec ou sans argent. L'inflation est un stimulant temporaire qui finit par provoquer la désintégration de l'économie.

Par exemple, c'est au Kuweit que le revenu par tête est le plus élevé au monde. En dépit de tout cet argent, le pays est sous-développé. Les services et les produits de consommation qu'on peut se procurer dans d'autres pays moins riches sont introuvables au Kuweit. Même si l'argent des habitants du Kuweit en fait des gens riches, l'incapacité du marché à leur fournir des produits et des services fait que leur situation financière n'est pas tellement meilleure que celle des habitants des pays pauvres.[1]

Un cinquième argument en faveur du dirigisme monétaire repose sur l'éventualité qu'une récession soit précipitée par le freinage des dépenses associées à l'inflation. C'est certainement possible, car l'économie souffre d'une dollaromanie de multimillionnaire et il n'est pas du tout certain que l'extraction de milliards se fasse sans douleurs. Toutefois, il semble beaucoup plus sage de commencer la cure dès maintenant que de poursuivre la route suicidaire actuelle. L'heure de la vérité sonnera un jour, car elle ne peut être reportée indéfiniment par l'injection de doses massives d'inflation.

Milton Friedman nous décrit la situation:

C'est un peu comme lorsqu'on boit de l'alcool. Au cours des premiers mois ou des premières années de l'inflation, tout semble bien aller, comme pour les premiers verres. Tout le monde a plus d'argent à dépenser et les prix ne montent pas aussi rapidement que les disponibilités monétaires. La gueule de bois nous surprend quand les prix commencent à monter. Bien sûr, certains souffrent plus que d'autres de l'inflation. Certains n'en subissent aucune conséquence et d'autres en profitent énormément.

Par contre, quand on commence à lutter contre l'inflation, les répercussions nocives se font sentir immédiatement. Les travailleurs sont en chômage. Le taux d'intérêt monte. Le crédit est resserré. C'est désagréable. Ce n'est que plus tard qu'on constate les effets favorables du freinage de la hausse des prix. Mais il est difficile de subir la cure sans prendre un autre verre. La plus grande difficulté, dans la lutte contre l'inflation, c'est qu'après un certain temps, les gens commencent à préférer la maladie au remède. Ce dont ils ne se rendent pas compte, c'est qu'au moment où il aura fait son effet, il sera posible de jouir à la fois de la croissance économique et de la stabilité des prix.[2]

L'inflation est la source de pouvoirs politiques impressionnants. Comme l'a dit John Maynard Keynes: ''on prétend que, selon Lénine, la meilleure façon de détruire le capitalisme c'est de corrompre les devises... Lénine avait raison. Le processus met en branle toutes les forces sous-jacentes de l'économie qui travaillent à sa destruction, de telle façon que seul un homme sur un million réussisse à en établir un diagnostic juste.''[3]

Par exemple, au cours d'une période d'inflation, les salaires montent généralement pour contrecarrer la hausse du coût de la vie. Une augmentation de salaire ne signifie pas que vous gagnez plus d'argent, car vous êtes aussi forcé d'en dépenser plus. En principe, vous en êtes au même point, **sauf que vous êtes passé dans une catégorie d'imposition plus élevée.** En d'autres termes, **le seul bénéficiaire de votre augmentation de salaire est le gouvernement** — vous paierez plus d'impôt.

L'élément le plus important de la réglementation d'ordre politique qui accompagne l'inflation est celui des contrôles économiques. Lawrence Fertig, éditorialiste sur les questions économiques, explique à quel point sont semblables les événements entraînant une perte de liberté due à l'inflation. "Tout d'abord, le gouvernement, par l'intermédiaire de sa banque centrale, facilite le crédit bancaire. Pendant ce temps, au cours d'un certain nombre d'années, les pouvoirs publics dépensent plus qu'ils n'encaissent et le déficit fédéral est financé par l'injection d'une quantité toujours plus grande de papier-monnaie dans le système bancaire. Cette affluence de nouvel argent et de crédit fait monter les prix. Après avoir tenté de créer de la **prospérité** par le truchement de l'inflation monétaire et s'être aperçu que les prix montaient encore, l'administration prétend généralement qu'il lui faut diriger la hausse des prix qu'elle a causée. Il lui faut appliquer des mesures de contrôle, prétend-elle, pour contrer l'inflation qu'elle a créée... C'est clair. Le contrôle, le dirigisme et même la dictature font suite à l'inflation, comme le jour fait suite à la nuit."[4]

Le monopole et la loi contre les cartels

Admettons que vous soyez propriétaire d'une entreprise. Si un groupe d'hommes soutenus par la loi vous disait (non pas vous demandait) que vous devez concurrencer d'autres entreprises mais que vous ne devez **pas** gagner; que vous ne devez pas fabriquer un produit bon au point de dominer le marché, ni le vendre à un prix trop bas. Que pourriez-vous donc faire? Si vous ne pouvez produire un article qu'un bon nombre de personnes veulent se procurer, à un prix **inférieur** aux autres (c'est-à-dire remporter la victoire sur vos concurrents) pourquoi vous lancer dans les affaires?

Présumons maintenant que vous soyez un consommateur. N'est-il pas à votre avantage que divers producteurs se fassent concurrence pour s'attirer votre clientèle? N'est-ce pas **vous** qui avez le plus à gagner par la production du meilleur article au plus bas prix! Et qu'avez-vous à perdre si un producteur, parce que la concurrence l'a poussé à réaliser une marge bénéficiaire minimale, réussit à implanter une entreprise si vaste qu'elle fournit le meilleur produit au plus bas prix, à **toute** la population?

Mais c'est un monopole! Et le gouvernement fait tout en son pouvoir (qui est énorme) pour l'empêcher.

La Division Antitrust du Ministère de la Justice s'occupe principalement des "conspirations," "monopoles" et autres activités de même nature, tandis que la Commission fédérale du Commerce **(Federal Trade Commission)** s'occupe des "pratiques commerciales déloyales" dans la détermination des prix, les pratiques de ventes et ainsi de suite. Le flot de décrets, poursuites, précédents, décisions, règlements et édits qui a découlé des activités de ces deux organismes a été tel qu'en 1950 Lowell Mason, commissaire dissident de la FTC, déclarait à l'Université Marquette;

Je défie ouvertement l'Université toute entière d'expliquer à un homme d'affaires ce qu'il peut et ne peut pas faire légalement lorsqu'il établira ses prix pour la prochaine saison.

Peut-il absorber le coût du transport? Peut-être, si ce n'est qu'occassionnel ou si son commerce n'est pas trop gros, ou si la quantité de marchandises transportées n'est pas trop considérable. Mais qui peut préciser à quelle fréquence correspond "occasionnel"? Quelle envergure signifie "trop gros"? Et combien de marchandises est "trop"?

Ce dont un jeune étudiant en droit a le plus besoin, après l'acquisition d'un diplôme, d'une enseigne et d'un client, c'est d'une bonne paire de sourcils et de larges épaules. Quand son client lui demande comment se tirer d'affaires sans avoir d'ennuis avec le gouvernement, il peut froncer les sourcils tout en haussant les épaules... [5]

Les causes portées devant les tribunaux en vertu des lois contre les cartels confondraient le Roi Salomon lui-même. La plus célèbre de ces causes et celle du **Gouvernement des Etats-Unis contre l'Aluminium Co.** En 1888, Alcoa produisait dix livres d'aluminium par jour à huit dollars la livre. A la fin des années trente, lorsque la première poursuite fut intentée, sa production annuelle était de 300 millions de livres et son prix avait baissé à 20 cents la livre.

Le procès a duré deux ans et le procès-verbal à couvert 40 000 pages. En dernière analyse, l'incompréhension totale de l'économie de marché exposée dans le dogme anticartel est apparue. Le juge Learned Hand constitue un exemple de cette incompréhension fondamentale. Il a soutenu que la concurrence et le service supérieur d'Alcoa, qui avaient permis de réduire progressivement le coût de l'aluminium (de quelques dollars à quelques cents la livre), étaient en quelque sorte répréhensibles:

> [Alcoa] soutient qu'elle n'a jamais écarté la concurrence; mais il n'y a pas de moyen plus efficace d'exclure la concurrence que de sauter progressivement sur chaque occasion et de faire face à tout nouveau concurrent par une capacité accrue de production reposant déjà sur une grande organisation bénéficiant des avantages que constituent l'expérience, les relations commerciales et un personnel d'élite.[6]

Tout cela prête à confusion. Les lois contre les monopoles visaient en principe à protéger les concurrents et à les encourager. Mais il est illégal, dans le processus concurrentiel, de sauter sur toutes les occasions qui se présentent. Il est déloyal de faire appel à votre expérience, à vos connaissances de la clientèle et du marché ainsi qu'à un personnel qualifié; c'est de la concurrence déloyale. Et bien, en quoi **consiste** alors la concurrence loyale? Certains en concluent qu'il s'agit là de la quadrature du cercle. "Quoi que vous fassiez, vous êtes toujours coupables."

Une cause entendue plus récemment relative à la confusion semée par les lois contre les cartels met sur la sellette la société **Firestone Tire and Rubber Company** qui, au mois d'août 1973, fut poursuivie par le Ministère de la Justice des Etats-Unis au Tribunal fédéral du District de Cleveland.

D'après le rapport annuel de **Firestone** la compagnie achetait en 1961 l'actif de la division de pneus Dayton de **Dayco Corporation** , et en 1965 l'actif de la division de pneus de **Seiberling Rubber Company:**

> Ces deux entreprises étaient dans une situation financière précaire et si nous n'avions pas fait l'acquisition de leur commerce de pneus, un grand nombre de leurs employés ainsi que leur distributeurs et concessionnaires auraient subi de lourdes pertes. Le gouvernement, de toute évidence, avait reconnu ce fait au moment des acquisitions car il n'a pris aucune mesure afin de les empêcher, bien que les projets d'acquisition dans chaque cas aient été révélés entièrement aux fonctionnaires responsables de l'application de la loi fédérale contre les monopoles. A présent que les deux divisions sont remises sur pied et rentables, les acquisitions auxquelles personne ne s'était opposé auparavant deviennent soudainement, aux yeux du gouvernement, des étapes illégales en vue de créer un monopole.[7]

Les principes de cette loi confuse contre les monopoles sont fondés sur l'idée fausse qu'on se fait du marché et de la nature des monopoles.

Par exemple, la plupart des gens croient que lorsqu'une compagnie prend suffisamment d'expansion, elle peut vendre ses produits meilleur marché que ses petits concurrents et les acculer tous à la faillite, après quoi, la grande entreprise augmente à nouveau ses prix pour récupérer les pertes subies.

En économique, on apprend que les prix ne sont pas fixés arbitrairement par une entreprise mais déterminés par la demande. Une compagnie ne peut vendre un produit que si elle arrive à rentrer dans ses frais tout en réalisant des bénéfices. Si le public n'est pas prêt à payer le prix demandé pour le produit, la compagnie doit réduire ses prix; si elle ne peut le faire tout en continuant de réaliser des bénéfices, elle ne pourra survivre. Pour qu'une grande entreprise réduise ses prix à un point qui lui permettrait de vendre moins cher qu'un petit concurrent, elle doit offrir ses produits à un prix inférieur à celui qu'elle exigeait auparavant.

Bien qu'une baisse de prix puisse réussir à attirer les clients d'un concurrent, ce processus est long. La grande entreprise devra fonctionner à perte ou avec une marge bénéficiaire réduite pendant un certain temps, tout en continuant de payer ses dépenses courantes. Enfin, si elle arrive à ruiner ses concurrent et à augmenter ensuite ses prix, elle ouvre la porte toute grande à d'autres concurrents qui pourraient alors vendre le produit en question à meilleur compte. En résumé, la grande entreprise ne pourrait se permettre de baisser et augmenter ses prix constamment pour éliminer la concurrence. Non seulement se ferait-elle du tort mais elle encouragerait la concurrence.

Certains prétendent, (voilà encore une idée fausse fort répandue) que lorsqu'une compagnie est suffisamment importante pour exercer un monopole, elle est pratiquement à l'abri de la concurrence. En d'autres termes, ils croient qu'aucune autre entreprise ne peut la défier efficacement, étant donné l'importance des ressources nécessaires pour lui faire concurrence à ce niveau.

Mais si l'on analyse l'étude de Brookings Institution, faite en 1954 et revue en 1964, nous voyons qu'il est difficile de se maintenir au sommet. Cette étude, effectuée par l'économiste A.D.H. Kaplan, nous parle des géants de l'industrie qui sont presque oubliés maintenant, comme **American Locomotive, American Woolen et American Molasses.** Elle démontre que la grande entreprise n'est absolument pas à l'abri de la concurrence et des progrès technologiques. En effet, le colosse d'une décennie peut se trouver en difficulté au cours de la décennie suivante, et l'industrie de base d'une époque peut être remplacée par une autre à l'époque suivante.

La législation actuelle contre les monopoles et les cartels, toutefois, tente fréquemment d'enrayer le changement, d'en rester au statu quo, d'extrapoler d'après une optique statique des conditions actuelles du marché dans un avenir supposément inaltérable. Mais le présent, tout comme l'avenir, évolue constamment pour répondre aux nouvelles situations économiques.

Dans un marché libre, chaque compagnie fait face à une possibilité de concurrence, même si, à un moment donné, elle semble exercer le monopole. La concurrence viendra d'entreprises qui vendent des produits de remplacement ou des matériaux nouvellement découverts, qui sont peut-être bien supérieurs aux anciens produits. Elles peut aussi venir des plus gros clients de l'entreprise monopolistique qui décideraient de produire eux-mêmes les biens dont ils ont besoin. Par exemple, supposons que **U.S. Steel** soit le seul producteur d'acier, à des prix excessivement élevés. Rien n'empêcherait les principaux utilisateurs d'acier comme **Ford, General Motors** ou **General Electric** de fabriquer de l'acier. Ces nouveaux et puissants producteurs d'acier feraient rapidement une concurrence avec laquelle le premier fabricant devrait désormais compter. Ou supposons qu'à Wall Street on soit tout à fait prêts, consentants et aptes à financer une entreprise, quelle qu'en soit l'envergure. Les investisseurs sont toujours à la recherche d'un placement rentable.

Ou bien, de petites entreprises peuvent s'unir pour augmenter leur puissance financière. En principe, aucune entreprise n'est jamais tout à fait indépendante du marché ou des consommateurs qui le composent.

Mais (poursuivent ceux qui se font une idée fausse de la situation), est-ce que plusieurs entreprises ne peuvent pas s'unir pour fixer les prix à un taux élevé et forcer ainsi le consommateur à payer le prix fort car il n'a pas le choix?

Bien sûr, c'est possible. Et ça se fait. Mais ça ne marche pas. Bien que certaines compagnies qui vendent des produits semblables aient tenté d'en venir à un accord sur les prix, ces tentatives se sont soldées par des échecs pour deux raisons. Premièrement, les nouveaux concurrents saisissent l'occasion de se lancer dans le marché, ce qui leur permet de vendre à des prix inférieurs tout en faisant des bénéfices. Ceci force ensuite les autres compagnies à baisser les prix qu'elles avaient fixés afin de faire face à la concurrence. Deuxièmement, et c'est probablement le facteur qui joue le plus, une des entreprises intéressées va réduire ses prix juste au-dessous du prix convenu, forçant les autres à faire de même. Adam Smith explique que "les gens d'un même métier se rencontrent rarement, même pour se divertir, mais leur conservation se termine par une conspiration contre le public ou par certaines manigances dans le but de faire monter les prix." Mais, poursuit-il "dans une économie libre, un cartel efficace ne peut être établi que par le consentement unanime de chaque commerçant et il se prolonge uniquement jusqu'au jour où un commerçant change d'avis."[8] En d'autres termes, la natures humaine étant ce qu'elle est, ces combines se terminent généralement par des guerres de prix plutôt que par la fixation de prix élevés. Le seul gagnant dans cette "guerre des prix" est le consommateur qui profite essentiellement de cette lutte: pour lui, plus les prix sont bas, mieux c'est.

Il faut comprendre qu'il existe deux types de monopoles: le monopole coercitif et le monopole naturel.

Le monopole naturel est celui qui découle de l'envergure du marché et de l'importance de l'entreprise. Le **magasin général** d'une petite ville, qui n'a pas de concurrent, pourrait être qualifié de monopole naturel, si l'existence solitaire du magasin résultait de la faible population de la ville et non pas du fait que le gouvernement ait décrété qu'un seul magasin devait s'y installer. Dans ce cas, le magasin pourrait être géré de façon si efficace qu'aucune marge bénéficiaire ne permettrait à une autre entreprise de s'installer en ville, d'exiger des prix inférieurs et de réaliser des bénéfices. Mais si le magasin général augmentait subitement ses prix (soit arbitrairement ou pour éponger le coût d'une mauvaise gestion), il augmenterait la marge bénéficiaire possible au point de permettre à une autre entreprise de s'installer et de faire des bénéfices. Aussi longtemps que le magasin exigeait les plus bas prix possibles tout en faisant ses frais et en fonctionnant avec une efficacité optimale, il n'était pas rentable pour une autre entreprise de se lancer sur le marché.

Supposons maintenant que la population de la ville augmente subitement, (une usine ouvre ses portes aux abords de la ville, attirant de nouvelles familles). Le magasin général peut continuer son commerce comme à l'accoutumée, laissant le marché accessible aux nouveaux concurrents qui combleraient le vide, ou bien le magasin peut prendre de l'expansion pour répondre à l'accroissement de la demande, tout en espérant maintenir son efficacité et ses bas prix. Bien sûr, il court toujours le risque qu'une chaîne d'alimentation décide de s'établir dans la ville et réussisse à offrir de meilleurs services à de plus bas prix en disposant de meilleures installations. Voilà comment se passent les choses dans la réalité quotidienne du marché. Elles évoluent constamment par le truchement de nouvelles méthodes de production et de commercialisation, de nouveaux produits, de nouveaux outils et de nouvelles connaissances.

Les monopoles naturels (à moins d'être très petits, tels celui du magasin général dans un village) sont extrêmement rares et ne durent pas longtemps. On peut le constater dans le domaine de l'automobile. A une certaine époque, **Ford** exerçait un monopole naturel dans le domaine des automobiles de série à bas prix. **General Motors, Chrysler** et **American Motors** se mirent alors de la partie; d'autres petites entreprises s'établirent et disparurent par la suite. Depuis dix ans, les importations ont accaparé une bonne partie du marché national. Bien que **Ford** soit toujours un important fabricant, les Américains ont maintenant le choix parmi des dizaines de sociétés concurrentes, nationales et étrangères.

Les maux que nous associons couramment aux monopoles ne sont possibles qu'en présence d'un monopole coercitif qui, par la fraude ou la force, empêche les concurrents de s'installer dans un marché. On peut y arriver de deux façons: par des actes criminels, comme la domination par des gangs dans le trafic de la drogue, de l'alcool (pendant la Prohibition), ou le racket de la protection: **ou** par le dirigisme gouvernemental. On notera que ces deux secteurs d'activité (criminel ou gouvernemental) aboutissent à un monopole mis en place par l'utilisation de la menace ou de la **force**; la différence c'est qu'en présence d'actes criminels on considère qu'il s'agit de moyens illégaux qui ne peuvent être utilisés ouvertement, tandis que dans le cas de la coercition gouvernementale, la force est sanctionnée.

Donc, puisque l'utilisation de la force ou de la fraude par des individus est considérée comme un acte criminel et passible d'emprisonnement, le seul moyen efficace d'établir un monopole coercitif ouvertement est de bénéficier de l'approbation du gouvernement. Les grands monopoles ferroviaires du dix-neuvième siècle se sont développés grâce à l'autorisation des pouvoirs publics. Le système postal est devenu un monopole d'état. La plupart des villes n'ont qu'un réseau de transport en commun créé en vertu d'une concession accordée à une seule société. La loi empêche les autres entreprises de lui faire concurrence. La plupart des villes ne disposent que d'un réseau de téléphone et les autres sociétés ne peuvent lui faire concurrence.

La plupart des villes n'ont qu'une société d'électricité ou d'eau et on interdit aux autres de lui faire concurrence. Il s'agit, dans tous ces cas, de monopoles coercitifs car le monopole est maintenu par la force (le pouvoir gouvernemental). De plus, les prix sont réglementés et si le service est mauvais, le consommateur n'a pas le choix: il doit continuer de traiter avec ces entreprises.

Un des meilleurs exemples de monopole coercitif est le service postal des États-Unis. Seul le gouvernement a le droit de livrer le courrier de première classe (les infractions à cette loi sont passibles de peines) et seul le gouvernement a le droit de placer quelque chose dant votre boîte aux lettres (même si vous l'avez payée et si c'est votre propriété privée). Sans concurrence, il n'est pas surprenant de trouver des sacs de courrier dans des wagons de chemins de fer trois ans plus tard ou de constater qu'une entreprise perd d'importants clients à cause d'un retard d'un mois dans ses livraisons. On ne devrait pas non plus s'étonner du fait qu'en dépit des hausses de tarifs, (qui ont doublé et même plus pour diverses catégories d'envois postaux, une lettre expédiée par avion de Chicago à Miami met en moyenne 58 heures à être livrée par rapport à 23 heures en 1961. Il y a douze ans, une lettre postée par avion de Chicago à Los Angeles mettait 19 heures à être livrée; aujourd'hui, il faut compter 52 heures. De même, il fallait à peu près 25 heures pour qu'une lettre soit livrée de Chicago à San Francisco en 1961. Il en faut maintenant 56.[9]

Mais, en ce qui concerne le courrier de troisième classe, le gouvernement n'a pas le monopole et des sociétés privées à but lucratif offrent un service supérieur à des prix inférieurs à ceux du réseau gouvernemental. L'**Indépendant Postal System of America** (IPSA), créé en 1968, offrait dernièrement de livrer un million de cartes de Noël pour le compte du Service des Postes des Etats-Unis à condition de les recevoir au moins 48 heures avant Noël, et ce, pour les deux-tiers du prix exigé par les services postaux. Ces derniers auraient ainsi réalisé des bénéfices pour la première fois depuis des dizaines d'années, mais ils ont rejeté l'offre.[10]

Le secteur privé peut également se charger de la livraison des colis. **United Parcel Service,** qui livre actuellement plus de colis de plus d'une livre que le Service des Postes, offre de meilleurs tarifs, un meilleur service de prise en charge et des livraisons plus rapides. Bien qu'il s'agisse là de services à propos desquels les Postes prétendirent perdre de l'argent et demandèrent des subventions gouvernementales, l'UPS a réalisé des profits de $77,5 millions en 1972, sans aide gouvernementale. [11]

Le Service des Postes, bien qu'il ne verse aucune quote-part à la Sécurité Sociale ni impôt foncier, a néanmoins un déficit de $1,7 milliard assumé par le Trésor. Non seulement le consommateur paie-t-il des prix plus élevés en l'absence de concurrence, mais le contribuable doit encore combler les déficits. [12]

Voyons ce qui est arrivé aux chemins de fer. La réglementation gouvernementale a étouffé progressivement la concurrence et, depuis quelques années, le gouvernement a même pris en charge le service aux voyageurs. Les résultats? Une forte hausse des tarifs, une réduction des services personnels, le piètre état du matériel et la réduction des services ferroviaires.

AMTRAK, société subventionnée par le gouvernement qui gère tous les services voyageurs entre les états, imprime cette mise en garde à l'endos de ses billets:

> Les horaires prévus à l'indicateur ou ailleurs, et les heures d'arrivée et de départ citées ne sont pas garantis et ne font pas partie du présent contrat. Les horaires et le matériel sont sujets à changer sans préavis. Le transporteur peut, sans préavis, effectuer la substitution des moyens de transport et modifier ou omettre les arrêts indiqués sur le billet ou dans l'indicateur. Le transporteur n'assume aucune responsabilité pour tous frais, inconvénients, pertes, dommages ou retards résultant d'une erreur d'horaire, non plus que du retard d'un train, de l'impossibi-

lité d'établir une correspondance, du manque de matériel ou de toute autre difficulté d'exploitation.[13]

En d'autres termes, vous n'arriverez peut-être pas à l'endroit voulu, vous y arriverez peut-être par d'autres moyens de transport que le train et vous pourriez fort bien ne pas descendre à l'endroit où vous pensiez le faire: et le chemin de fer n'est aucunement responsable des inconvénients ou blessures pouvant résulter de sa propre ineptie. La seule chose dont vous êtes assuré quand vous voyagez par AMTRAK aux bandes argentées, c'est qu'il est fort possible que vous arriviez à l'heure. Pourquoi? Parce qu'AMTRAK a redéfini l'expression "train à l'heure". Citation du **Wall Street Journal** du 14 mars 1974:

En janvier 1973, AMTRAK rapportait que 66,2% de ses trains étaient à l'heure. En décembre 1973, ce chiffre était descendu à 51%. AMTRAK, grand amateur de nouveau jargon et de terminologie nouvelle, a redéfini la notion du **train à l'heure**. En vertu de l'ancienne définition, le train devait arriver dans les cinq minutes de l'heure prévue à l'indicateur pour être **à l'heure.** Selon la nouvelle définition, il suffit au train d'arriver dans la demi-heure qui suit ou qui précède l'heure prévue pour être à l'heure. AMTRAK a donc pu annoncer une amélioration de ses services puisque 61,7% de ses trains étaient **à l'heure** en janvier 1974. [14]

Vous payez comptant et vous tentez votre chance: c'est ainsi que semble fonctionner AMTRAK. Si une société privée assujettie à la concurrence était gérée ainsi, elle ne survivrait pas longtemps. C'est uniquement grâce à la sanction gouvernementale et au remboursement des déficits par les contribuables qu'un monopole aussi inefficace et insensé qu'AMTRAK survit.

Le salaire minimum

La première loi fédérale sur le salaire minimum fut adoptée en 1938. Il s'agissait de la loi des Pratiques équitables en matière d'emploi. Le principal motif du législateur lors de son adoption était de favoriser l'implantation du "niveau de vie minimum nécessaire à la santé, à l'efficacité et au bien-être des travailleurs". Elle présume, tout comme la législation actuelle, que quiconque travaille peut exercer un recours légal contre son employeur ou contre la société afin de recevoir un salaire suffisant pour jouir d'un niveau de vie adéquat.

Au moment de l'adoption d'une nouvelle loi sur le salaire minimum, ses parrains se félicitent de permettre ainsi à tous, surtout aux plus démunis, de hausser leur niveau de vie. Ce raisonnement découle d'au moins deux prémisses. Tout d'abord, si les employeurs payaient des salaires inférieurs à la productivité des ouvriers, c'est-à-dire les "exploitaient", l'adoption d'une loi ne ferait que hausser les salaires sans causer de chômage. Les bénéfices seraient moindres et les salaires représenteraient une partie plus importante du dollar de l'acheteur. Deuxièmement, même si les employeurs "n'exploitaient" pas leurs travailleurs, la pression exercée sur eux pour qu'il paient des salaires plus élevés les forcerait à adopter des méthodes plus efficaces, absorbant ainsi les hausses salariales sans provoquer de chômage.

Mais quels sont actuellement les résultats sur le plan économique de l'adoption des lois sur le salaire minimum? Henri Hazlitt écrit dans **Man Versus the Welfare State:**

> Il devrait être évident que les lois du salaire minimum nuisent à ceux qu'elles veulent **protéger** plus qu'à quiconque. Quand il existe une loi exigeant que personne ne reçoive moins de $64 pour quarante heures de travail, tous ceux dont les services ne valent pas $64 par semaine aux yeux d'un employeur sont sans travail. Le fait d'interdire à un employeur d'offrir moins qu'une certaine somme ne signifie pas que l'ouvrier vaut plus cher. On ne fait que priver le travailleur de son droit de gagner selon ses capa-

cités et selon les occasions qui se présentent à lui, tandis que nous privons la collectivité des services ordinaires qu'il est en mesure de rendre. Bref, nous remplaçons les bas salaires par du chômage...

Les plus grandes victimes de ces lois furent les noirs, et surtout les adolescents noirs. En 1952, le taux de chômage chez les adolescents, blancs et non blancs, était le même: neuf pour cent. Chaque année, à mesure que montait le salaire minimum, la disparité entre les deux groupes ne faisait que s'accroître. En février 1968, le taux de chômage chez les adolescents blancs était de 11,6% tandis que chez les adolescents non blancs il avait grimpé à 26,6%.[15]

En juillet 1973, **Business Week** rapportait:

Il est presque impossible pour les adolescents de se trouver un emploi à l'heure actuelle; le chômage chez les jeunes noirs dans certaines villes représente parfois jusqu'à 40%. Plus le salaire minimum augmente, moins il est rentable de les employer.

Les adolescents représentent près d'un cinquième de l'effectif ouvrier civil. En 1972, on comptait près de 16 millions de jeunes de 16 à 19 ans sur le marché du travail.[16]

Bien que le but de la loi sur le salaire minimum soit d'améliorer le revenu des travailleurs marginaux, elle a exactement l'effet inverse, c'est-à-dire qu'elle ne permet plus à l'employeur de les embaucher en leur payant le taux légal auquel ne correspond pas leur rendement. Plus le salaire minimum est élevé par rapport aux taux du marché libre, plus il en résulte du chômage.

Un principe simple en économie veut que les biens et services dont le prix est plus élevé que ne le justifie la demande ne trouvent pas preneurs sur le marché libre. Cette théorie s'applique aux pommes de terre, au beurre, au lait et à une heure de travail. Si le vendeur, à sa fantaisie ou d'après un caprice du gouvernement, n'adapte pas son prix à la demande, on refusera d'acheter ses pommes de terre, son beurre, son lait ou ses services.

Empêcher un homme d'offrir ses services au prix qu'ils valent sur le marché équivaut à le priver d'auto-suffisance. Voilà la conséquence des lois sur le salaire minimum. Ce qui est pire encore, ses capacités productrices sont perdues pour notre économie et la société en est appauvrie d'autant. Et qui souffre le plus des restrictions imposées à la fourniture de biens et de services? Les pauvres, au profit desquels la loi a été adoptée.

Il y a des raisons pour lesquelles certains gagnent plus que d'autres. Le travailleur spécialisé devrait gagner plus que celui qui ne l'est pas; un homme d'affaires qui réussit devrait être mieux rémunéré que ses employés. Mais une loi sur le salaire minimum, qu'elle soit décrétée par le gouvernement ou par un syndicat, cherche à fixer la valeur d'un homme, quelle que soit sa productivité. C'est admirable sur le plan humain, mais absurde sur le plan économique!

LES SYNDICATS

La plupart des gens estiment qu'en faisant contrepoids à l'énorme pouvoir des grandes industries, les syndicats sont en grande partie responsables de l'amélioration du niveau de vie.

On tient pour acquit en général que les syndicats ont amélioré les salaires de tous par le truchement des négociations collectives. Par exemple, au cours de l'enquête du Congrès au moment de la longue grève des Gens de Mer qui a duré 134 jours en 1971, Harry Bridges, Président d'**International Longshoremen's and Warehousemen's Union** (ILWU) déclarait: "A mon avis, il est dant l'intérêt de tous les travailleurs de gagner cette grève." Même s'il n'est pas facile pour le commis du grand magasin qui gagne $2 l'heure de voir en quoi il profitera du fait qu'un débardeur gagne $65 par jour, le syndicat contemporain estime que le fait de gagner une grève rapporte à tous les travailleurs.[17]

Henry Hazlitt, de concert avec d'autres économistes de renom, prétend que pendant plus d'un siècle, la pensée économique sur cette question a été dominée par un mythe, à savoir que les syndicats sont dans l'ensemble des institutions extrêmement salutaires. "La vérité c'est que les syndicats ne peuvent augmenter les taux de salaires véritables de tous les travailleurs... La politique qu'ont suivie systématiquement les syndicats a eu pour résultat de réduire le salaire réel de l'ensemble des travailleurs à des taux inférieurs à ce qu'ils auraient été autrement."[18]

Quand un syndicat fait la grève en vue d'obtenir des salaires plus élevés que la valeur marchande du travail exécuté, les grévistes victorieux pourront, tout en paraissant obtenir une augmentation de salaire, souffrir de cette hausse en fin de compte. Tout gain des syndiqués à la suite d'une grève est transmis aux consommateurs, d'autres travailleurs, (certains syndiqués) sous la forme de prix plus élevés. Ainsi, les gens de mer ont peut-être amélioré leur situation (en présumant que leur hausse de salaire ait compensé le fait qu'ils n'aient pas travaillé pendant le tiers de l'année, ce qui est peu vraisemblable,) mais tout le reste de la population a souffert. Bridges a bloqué complètement les importations et exportations de la côte Ouest pendant quatre mois et demi par une grève qui a extrêmement nui aux expéditeurs, aux agriculteurs, aux banques, à l'ouvrier moyen ainsi qu'au consommateur. Même les gens de mer en ont subi le contrecoup dans la mesure où les prix à la consommation ont monté. Si nous faisons le bilan de la grève, nous voyons que les syndicats obtiennent certains gains, en réalité, à la suite de leurs grèves débilitantes. Mais les trois-quarts des travailleurs ne sont pas syndiqués et ils subissent les conséquences néfastes de ces grèves car ils ne bénéficient pas de hausses de salaires tout en devant payer plus cher les biens de consommation. Si la demande constante de hausses salariales force le producteur à augmenter ses prix, de sorte que l'offre excède la demande, il se peut qu'il n'ait pas le choix. Il est acculé à la faillite, et cela ne profite à aucun travailleur. Il est donc faux d'affirmer que les grèves sont avantageuses pour tous les travailleurs. Elles nuisent toujours aux non-syndiqués, et souvent aux syndiqués.

En plus des hausses de prix et du temps chômé, elles entraînent fréquemment d'autres pertes sous d'autres formes. Depuis quelques années, dans les villes, nous avons subi des grèves paralysantes de la part des enseignants, infirmières, travailleurs du métro, chauffeurs de taxis, éboueurs, livreurs de combustible, réparateurs d'appareils de chauffage, fossoyeurs, travailleurs des journaux et ainsi de suite.

Quel a été le principal moyen de pression des grévistes qui souhaitaient obtenir la capitulation des patrons?

Les souffrances et les difficultés qu'ils pouvaient causer non pas directement aux employeurs, mais surtout au public. Et de qui se compose le public? En gros, de travailleurs, y compris des syndiqués. Il peut même s'agir de membres du même syndicat et de leurs familles. Il peut arriver que les propres enfants d'un livreur de combustible soient malades et souffrent du froid parce qu'on ne leur a pas livré ce combustible.[19]

Bien que les chefs syndicaux et bon nombre d'hommes politiques défendent farouchement le droit de grève, ils semblent hésiter à admettre que les grèves ne sont pas toutes justifiables sur le plan financier. Lorsque c'est le cas, ces gens semblent éviter d'admettre que pour que la grève soit efficace, le syndicat doit trouver des moyens d'empêcher l'embauche de travailleurs en remplacement des grévistes. Cet "empêchement" doit être physique, sinon violent.

Dans le bâtiment, par exemple, les incidents rapportés contre des travailleurs et des projets de construction à atelier ouvert coûtent $5 millions chaque année. Ce problème est dû au fait que les syndiqués perdent bon nombre de chantiers aux mains d'entrepreneurs non syndiqués qui arrivent à soumissionner à des prix plus bas que les entreprises syndiquées. Dans bien des cas, ces soumissions plus basses sont possibles non pas à cause du salaire inférieur versé aux travailleurs, mais parce que, sur un chantier syndiqué, chaque corps de métier exerce sa juridiction sur un secteur de travail en particulier. Très souvent, certains hommes de métier ne peuvent effectuer leur travail avant que d'autres corps de métier n'aient fait le leur. Des travailleurs, bien qu'ils puissent effectuer les travaux, n'ont pas la permission de le faire car ils appartiennent à un corps de métier différent.

Par contre, le directeur d'un projet non syndiqué peut faire effectuer à son personnel qualifié divers types de travaux au besoin, sans se soucier de la "juridiction" des corps de métier. Cette utilisation optimale de la main-d'oeuvre est extrêmement importante pour assurer l'efficacité des opérations.

En juin 1974, certains syndicats se rendirent compte de cette tendance. La section locale 12 d'**Operating Engineers Union** qui compte 25,000 membres, se désaffilia du reste du syndicat du bâtiment de la Californie du Sud. C'est le dirigeant local Joseph Seymour qui donna la raison de cette désaffiliation; "Nous réussirions peut-être à obtenir de fortes hausses de salaire et nous aurions de bien jolis documents à lire tranquillement chez nous, tandis que les entrepreneurs non syndiqués nous voleraient nos emplois."[20]

La sous-traitance à des ateliers ouverts dans le bâtiment, qui était autrefois le bastion des syndicats, engendre des réactions violentes, généralement sous forme d'attaques physiques sur la personne des non-syndiqués et sur les chantiers eux-mêmes. Cette violence est motivée par la crainte qu'éprou-ve l'homme de métier de perdre son emploi. En effet, son syndicat lui a assuré des salaires supérieurs à ce qu'aurait permis le marché. Sa compétence, au lieu de valoir $9,50 sur le marché, ne vaut que $5 l'heure. On peut déduire de cette violence que d'autres travailleurs, aussi compétents, consentent à travailler à un salaire qui, selon les normes, est juste et équitable.

Parfois, une entreprise n'a jamais l'occasion de négocier des salaires raisonnables. En juin 1974, les grévistes de **United States Borax and Chemical Corporation**, à Boron, Californie, brûlèrent le bureau du personnel, une guérite, le bâtiment des pesées et un wagon-marchandises. Des coups de feu furent tirés en direction des agents de police et des hélicoptères de la compagnie au moment où ils s'approchaient des lieux. Jim Boghosian, agent d'affaires du syndicat, section locale 30 de l'IIWU, déclara que la situation avait été envenimée par la tentative de l'entreprise de faire entrer des ouvriers non syn-diqués sur les lieux: "Quand la compagnie a ouvert les grilles pour laisser entrer des camionnettes transportant les briseurs de grèves, nos hommes ne purent se contenir."[21]

Cela justifie-t-il l'incident ou s'agit-il de violence bien ordinaire, rationnalisée par la prétention syndicale à des emplois que leurs membres ont abandonnés? L'ironie du sort, c'est qu'aucun travailleur non syndiqué n'avait été embauché. Les hommes qui entraient sur le terrain de l'usine n'étaient que des gardes supplémentaires.

Un syndicat qui a réussi à s'attirer la sympathie du public est celui de **United Farm Workers** (FAT-COI). Pourtant, ce syndicat, sous la direction de César Chavez (qui prône ouver-tement la non-violence), a perpétré des actes de violence et proféré des menaces de violence non seulement contre les producteurs agricoles mais également contre des travailleurs de son propre groupe ethnique.

"L'UFW m'avertit de prendre garde si on m'attrapait seul au moment où je me rendais au travail."

"Ils (UFW) ont dit qu'ils nous casseraient les bras si nous restions dans les champs."

"Ils (UFW) m'ont dit: "Si vous ne sortez pas des champs et si vous continuez à travailler, quand vous rentrerez chez vous, vous nous le paierez."

"Ils (UFW) ont dit: "Si vous allez travailler, l'Immigration viendra vous sortir des champs."

"Je voulais continuer à travailler, mais j'ai arrêté parce que j'avais peur."

"Après s'être fait dire qu'on nous jetterait hors des champs et qu'on nous battrait, toute l'équipe a cessé le travail."[22]

Ces citations sont tirées de déclarations dûment assermentées devant notaire par des travailleurs agricoles, déposées au bureau du greffier du comté de Salinas en Californie. Des rapports de personnes battues, menacées et harcelées parviennent constamment tout au long d'une grève ou d'un boycottage entrepris par l'UFW. Sous le couvert de la réforme sociale, la violence est courante dans les luttes de juridiction entre deux grands syndicats: les Camionneurs (**Teamsters**) et la FAT-COI. Il en résulte que les travailleurs agricoles sont les grands perdants dans cette histoire, et les producteurs également. Pourtant, la sphère de juridiction ne bouge pas.

Comment tout le monde peut-il gagner à la fois?

En 1973, **Lincoln Electric Company** de Cleveland, le plus gros fabricant au monde de matériel de soudure à l'arc, distribuait plus de $21 millions en bonis à ses 2 200 employés. Depuis 1934, la compagnie a donné au total plus de $200 millions en bonis. Bien que le salaire de base soit actuellement de $4,90 l'heure, les bonis, qui visent à récompenser à peu près tout, de la productivité au faible taux d'absentéisme, portent le salaire bien au-dessus de $10,00 l'heure en moyenne. Le rendement et le moral sont si bons que **Lincoln** vend ses génératrices de 300 ampères à un prix à peine supérieur à celui de 1934, en dépit d'importantes hausses des prix de l'acier et du cuivre. Bien que son prix soit resté bas après 40 ans, la qualité du produit n'a cessé de s'améliorer. Même la main-d'oeuvre à bon marché des pays étrangers ne peut concurrencer le prix offert grâce à l'excellente productivité assurée par l'octroi de bonis.[23]

D'autres industries, toutefois, n'ont pas eu autant de chance. Le contrepoids inhérent à une économie libre a été supprimé par la domination des syndicats et les lois ouvrières. Dans un système de libre marché, on paie les travailleurs selon leur productivité, mais la législation a permis aux syndicats de revendiquer d'après leur pouvoir, et leurs revendications n'ont pas de rapport avec la productivité de leurs membres. Il en est résulté une limitation du rendement, la résistance au progrès technologique et des techniques de production inférieures. Cette inefficacité est transmise aux consommateurs par des hausses de prix.

Les syndicats n'ont pas à se soucier des lois contre les coalitions; ils peuvent donc conspirer pour monopoliser (c'est sûrement un monopole lorsqu'un seul syndicat domine tous les travailleurs de l'automobile, un autre tous les métallurgistes, un autre tous les ouvriers du vêtement et ainsi de suite), ce que ne peut faire l'industriel ou le commerçant. La loi adoptée il y a une quarantaine d'années pour protéger les syndicats a donné naissance à des syndicats monopolistiques qui arrivent à obtenir ce qu'ils veulent aux frais des autres travailleurs et consommateurs.

La loi Norris-LaGuardia de 1932 a imposé passablement de restrictions aux tribunaux dans l'émission d'injonctions contre les syndicats en raison des dommages éventuels irréparables. Autrement dit, une compagnie n'a aucun moyen d'empêcher la violence syndicale avant qu'elle n'éclate. Puisque des activités syndicales illégales peuvent rapidement mettre une entreprise en faillite, cette loi force la direction de l'entreprise à céder d'avance aux pressions syndicales. Cette pression fausse le jeu de la négociation collective où chacun est sensé mettre de l'eau dans son vin. Cette loi empêche l'application de toute convention en vertu de laquelle l'employé convient de ne pas se syndiquer, restreignant ainsi la possibilité pour l'individu de contracter volontairement. Le travailleur aurait peut-être plus de possibilité d'obtenir un emploi s'il convenait de ne pas se joindre à un syndicat connu pour sa violence sur les lignes de piquetage; s'il ne peut signer un tel contrat, le travailleur peut fort bien se voir préférer quelqu'un d'autre.

Les négociations collectives sont devenues **obligatoires** en vertu de la loi Wagner adoptée en 1935 (Loi sur les relations du travail). Si, au moment d'une élection sous l'égide du Bureau des Relations du Travail, la majorité des travailleurs d'une certaine catégorie (par exemple, les préposés à l'entretien ou les ouvriers d'une ligne d'assemblage) choisissent d'être représentés par un certain syndicat, c'est ce dernier qui est accrédité par la Commission comme étant l'agent négociateur exclusif pour **tous** les travailleurs de cette catégorie. Par la suite, l'entreprise doit négocier avec ce syndicat. Cette loi n'encourage pas les employés à quitter un syndicat pour se joindre à un autre, car ce dernier ne serait pas accrédité comme négociateur. Pourquoi donc s'y joindrait-on? Bien que l'ensemble des activités syndicales ne relève pas de la Loi Wagner, le pouvoir du Bureau des Relations du Travail, en vertu de cette loi, est très étendu. De fait, il peut même définir sa propre juridiction. Et les négociations qui ne relèvent pas du Bureau se retrouvent très souvent sous l'égide d'autres agences d'état dont les fonctions sont semblables à celles du Bureau.

Les amendements Taft-Hartley de 1947 à la Loi Wagner ont rendu illégal le monopole syndical d'embauche et le boycottage secondaire. Ils ont également cherché à définir les pratiques syndicales **déloyales**. Douze ans plus tard, on adoptait la loi Landrum-Griffin interdisant un certain nombre de procédures syndicales corrompues et entreprenant la tâche ingrate de préciser en quoi consiste un boycottage secondaire.

Non seulement ces lois enfreignent-elles les droits des employeurs, mais elles imposent également des restrictions aux libertés des travailleurs. Les lois fédérales assurent aux syndiqués le droit de ne pas perdre leur emploi, même s'ils font la grève. En d'autres termes, si une entreprise embauche un travailleur pour combler un poste laissé vacant par un gréviste, à la fin de la grève, le remplaçant doit renoncer à son travail pour permettre au gréviste de reprendre son emploi (aucun délai n'est imposé au gréviste pour présenter sa réclamation; ce pourrait être des années plus tard). Dans un tel système, la direction finit toujours par céder aux revendications syndicales. De plus, les syndiqués qui ne veulent pas faire la grève doivent tout de même s'y résigner si le syndicat vote en faveur de l'arrêt de travail. La loi a rompu les rapports volontaires entre l'employeur et les employés.

Si une compagnie est propriétaire d'une **collectivité autonome** où s'effectue du travail, elle doit permettre aux syndicalistes d'avoir accès aux lieux dans un but de syndicalisation, tel qu'ordonné par la Cour d'Appel du Cinquième District.

Si une compagnie, ayant découvert qu'un jeune homme est plus productif qu'un employé âgé, congédie ce dernier, elle doit le réintégrer dans ses fonctions et l'indemniser pour la perte de revenus qu'il a subie.

Si un syndicat menace de mettre une compagnie en faillite en ne réduisant pas ses revendications, la Commission des Relations du Travail ne s'indigne pas. Mais si une compagnie reste sur ses positions au moment des négociations, on l'accuse de "pratiques déloyales" et "de ne pas négocier de bonne foi."

Dans une société libre, les travailleurs pourraient volontairement s'associer pour former un syndicat. Ceux qui ne veulent pas se syndiquer ne seraient pas forcés de le faire. De même, dans une société libre, la direction n'aurait pas à négocier avec un syndicat en particulier; elle serait libre de négocier avec un autre ou avec plusieurs syndicats, de même qu'avec chaque travailleur, individuellement. Si les syndiqués se mettaient en grève, la direction pourrait les remplacer par des gens qui consentent à travailler pour les salaires et les avantages qu'elle offre. Peut-être se rendrait-elle compte que le remplacement des grévistes n'est pas rentable et qu'elle les inciterait à reprendre le travail, puisqu'ils sont déjà formés, en cédant à une partie ou à la totalité de leurs revendications.

Aujourd'hui, ce n'est plus possible. La législation ouvrière moderne a protégé les syndicats à un point tel et leur a accordé tant de pouvoirs qu'à toutes fins pratiques, il n'y a plus de véritables négociations. Une grève suivie d'un règlement n'est aujourd'hui qu'un moyen officiel d'accorder au syndicat ce qu'il demande. C'est insensé car les syndicats ne peuvent avoir toujours raison, pas plus que les entreprises.*

LE CONTRÔLE DES PRIX

Dans l'ensemble, le public américain n'est pas conscient du grand rôle que joue son gouvernement dans l'accumulation artificielle de surplus et dans la création de pénuries de denrées par la régulation des prix. Il n'est pas non plus conscient des sommes énormes que consacre le gouvernement à ces interventions sur le marché. Tous ces plans finissent par nuire à ceux-là même qu'ils sont sensés aider.

---

*Pour tout renseignement sur la législation ouvrière et les activités syndicales on se reportera à **Union Power and the Public Interest** d'Emerson Schmidt et à **Union Monopolies and Antitrust Restraints** de Patrick Boarman.

Par exemple, lorsque frappa la grande crise, les agriculteurs furent durement touchés. L'administration Hoover, pour essayer de stabiliser le prix des denrées, décida de subventionner les agriculteurs acculés à la banqueroute, en espérant empêcher le prix des denrées agricoles de dégringoler. La Corporation de Stabilisation des Grains acheta pour $500 millions de surplus de blé, mais cette somme ne fit pas long feu et ne réussit même pas à stabiliser le prix des trois principales denrées que visait le programme: le blé, le coton et la laine.[24]

Il en résulta une augmentation du chômage et un gaspillage des ressources au moment où l'économie ne pouvait se le permettre. Malgré cette fâcheuse expérience, l'ineptie bureaucratique se perpétua quand l'administration Roosevelt décida que le contrôle de la production était encore le meilleur moyen d'assurer le soutien des prix agricoles. L'administration des ajustements agricoles (AAA) fut mise en cause dans de nombreux scandales. Deux des plus notoires furent l'abattage de six millions de porcelets après qu'une enquête eut prédit une baisse rapide des prix, étant donné la forte augmentation des approvisionnements; et la demande aux exploitants d'enfouir dans les champs le coton recouvrant 11 millions d'acres, pour en soutenir le prix. Ces deux mesures visaient à stabiliser les prix à un moment où le salarié moyen gagnait de moins en moins (s'il avait la chance de travailler). La Cour Suprême déclara inconstitutionnelles les mesures décrétées par l'AAA, mais le Président Roosevelt ne se laissa pas intimider pour autant. En effet, il institua une nouvelle AAA, plus souple et cherchant une fois de plus à maintenir le prix des denrées alimentaires; cette fois-ci, on fit appel à des méthodes plus acceptables de soutien des prix et à l'achat des "surplus" par le gouvernement."[25]

Ce qu'on n'avait pas compris alors (et qu'on ne comprend toujours pas) c'est que le gouvernement essayait d'aider les citoyens par l'adoption de deux mesures vouées à l'échec; il encourageait l'agriculteur à produire des surplus, lui assurant des prix élevés, en plus des subventions et des programmes d'achat des surplus. Alarmé à la suite de la production de surplus (à des prix artificiellement élevés, le marché étant limité), le gouvernement paya les agriculteurs pour détruire les excédents. Le consommateur perdait sur les deux plans. Il payait le soutien agricole par ses impôts et payait plus cher les produits qu'il mangeait.

On aurait dû, de toute évidence, se rendre compte que l'on commettait une erreur en essayant de maintenir les prix artificiellement élevés au cours d'une dépression, mais ce ne fut pas le cas. Comme d'habitude, un programme gouvernemental conçu dans le but d'aider les pauvres fit plus de mal que de bien.

La même erreur peut être commise dans le sens contraire. Aujourd'hui, le gouvernement veut **aider** à freiner l'inflation très marquée. Cette fois, il tente de le faire en maintenant les prix artificiellement bas.

Par exemple, le contrôle des prix par les commissions de services public contribua de façon importante à accentuer la pénurie de gaz naturel. Comme le prévoyait en 1965 le Président d'**Independent Petroleum Association of America**, comptant 6 000 membres; "la "Federal Power Commission" (FPC) fait appel à un système de détermination des prix qui ne peut que forcer un grand nombre de producteurs à renoncer à la recherche des réserves dont on a grand besoin... Des millions de consommateurs de gaz seront, par conséquent, victimes de cette pénurie prévisible de combustible essentiel."[26]

Des décennies de contrôles des prix ont aussi découragé la mise au point de techniques nouvelles d'exploitation de l'énergie géothermique, des marées, du vent et du soleil. En Floride, dans bien des maisons, on a recours à l'énergie solaire pour chauffer l'eau, mais la concurrence du gaz naturel et de l'électricité, dont les prix sont régis, a empêché jusqu'à présent le développement accéléré de ces technologies.

Évidemment, on ne peut blâmer les régies pour l'épuisement graduel des sources de pétrole et de gaz dans le monde. Cet épuisement est une conséquence de l'ère industrielle. Toutefois, l'intervention gouvernementale est l'une des principales raisons pour lesquelles l'économie n'a pas réussi à s'adapter à ces changements de façon graduelle et organisée.

A propos du contrôle des prix, il y a une règle cardinale en économie: quand le gouvernement fixe un prix minimum plus élevé que celui du marché, il en résulte un surplus artificiel; quand le gouvernement fixe un prix maximum inférieur au prix du marché, il en résulte une pénurie artificielle.

Le secteur privé est en partie à blâmer pour ce cauchemar interventionniste. Quand les bureaucrates dirigent l'économie, le secteur privé n'hésite pas à utiliser ce dirigisme pour arriver à ses fins. Le problème vient donc du gouvernement lui-même. En présence d'une économie dirigée, le reste suit inévitablement.

CHAPITRE QUATRE

Mettre la main à la pâte

Dans les domaines qui touchent le plus les individus, l'État s'en est fort bien tiré pour "transformer chaque événement en source de renforcement du gouvernement". L'État a fourré son nez dans l'aspect moral des situations pour étendre ses pouvoirs.

En particulier dans le domaine des droits civils, de l'assistance sociale et de la sécurité sociale, les libertés individuelles ont été grugées sous le couvert de l'aide aux infortunés, dont le triste sort fait souvent suite à l'intervention du gouvernement.

LES DROITS CIVILS

Le Mouvement des Droits Civils aux États-Unis est né en réponse à la négation des droits de la personne découlant de l'esclavage des noirs et du mauvais traitement d'autres minorités. Le racisme fut érigé en système et intensifié par l'intervention gouvernementale; les droits des personnes visées en ont souffert.

Le gouvernement sanctionna l'esclavage dès le début. Lorsque les vingt premiers esclaves africains furent amenés aux États-Unis en 1619 pour "palier la pénurie de main-d'oeuvre à Jamestown", ils finirent par être libérés. Pourtant, quelques années plus tard, la Chambre des Burgesses adoptait une législation qui faisait de tous les futurs esclaves, des esclaves à perpétuité.[1] Cette pratique devint fort courante aux États-Unis parce que le gouvernement l'a reconnue comme étant légale; c'est ainsi qu'elle s'incrusta dans le mode de vie américain.

Après l'époque des "CarpetBagger Era", les états du Sud adoptèrent des lois délimitant les activités des noirs nouvellement libérés. Les gouvernements de ces états firent tout en leur pouvoir pour interdire aux noirs l'exercice du droit de vote, en posant surtout des conditions à l'inscription des électeurs. Faisant preuve de "négligence bénigne," le gouvernement fit le mort pendant que les tenants de la violence dévoraient les droits des individus.

Par droits civils on entend les droits qui garantissent à chaque citoyen une protection égale en vertu de la loi et le droit de participer au gouvernement dans la même mesure que tous ses concitoyens. Pourvu qu'il n'ait pas recours à la violence ou à la fraude, il devrait être libre de s'associer à son gré avec qui bon lui semble. C'est le droit fondamental de tous les citoyens d'une société libre.

Les droits civils ne permettent **pas** de violer le droit des autres, car ce serait là nier le concept même. Par exemple, à l'époque de Jim Crow, le gouvernement força les gens à la ségrégation. Maintenant, le gouvernement les force à l'intégration. On doit s'opposer à une loi qui cherche, par la force, à exercer une ségrégation ou une intégration des biens privés, car ces deux activités constituent la violation du droit de l'individu de disposer de ses biens comme il l'entend. Puisque le gouvernement, dans une société libre, doit traiter également tous les citoyens, le droit à la propriété s'applique également à tous.

C'est dire que le patriote américain réactionnaire a des droits, mais que le communiste ou le nazi en a aussi pourvu qu'aucun ne viole les droits de l'autre par la force. De même, le noir américain a des droits, tout comme le sectaire blanc, toujours à condition qu'aucun d'eux n'impose ses valeurs à l'autre par la force. Les hommes ont des droits et les femmes aussi, à condition que ni l'un ni l'autre n'enfreigne ceux du voisin.

C'est le rôle du gouvernement, dans une société libre, de protéger les droits de tous ses citoyens, ce qu'il n'a pas fait dans bien des cas. Il faut corriger cette situation. Ce qui s'est passé, très souvent, c'est que le gouvernement a adopté des positions extrêmes. A une certaine époque, il refusait d'agir au nom des citoyens pour protéger les victimes de violence de la part des sectaires; maintenant, le gouvernement viole les droits de certains citoyens pour accorder des privilèges à ceux qu'il n'a pas protégés plus tôt.

En voici un exemple tiré du **Los Angeles Times** du 4 avril 1972:

> Deux entrepreneurs qui ont présenté les soumissions les plus basses en réponse à l'appel d'offres en vue de l'exécution de travaux publics de $3 427 000 à Los Angeles ont été disqualifiés lundi car ils n'ont pas réussi à répondre aux exigences du programme fédéral d'embauche des travailleurs minoritaires.

> Par conséquent, la Commission Municipale des Travaux Publics, par une mesure qui a créé un précédent, a accordé le contrat au troisième soumissionnaire qui a annexé à sa soumission un plan d'action acceptable concernant l'embauche d'ouvriers minoritaires. La différence entre les soumissions rejetées et acceptées était de $25 000.[2]

Cette mesure de la part du gouvernement fut coûteuse, à la fois en fonds publics (la soumission acceptée à coûté aux citoyens de Los Angeles, blancs et noirs, $25 000 de plus qu'il n'était nécessaire à l'excécution des travaux) et aussi en termes de droits individuels (le gouvernement, plutôt que d'accepter les gens susceptibles de faire le meilleur travail à moindre prix, accepta ceux qui, de toute évidence, avaient établi un système de contingentement parmi leurs employés, un système critiqué depuis des années par les minorités car il les **défavorise**). Par cette mesure, le gouvernement a encouragé la discrimination raciale.

Un des derniers règlements proposé par la Commission d'Égalité dans l'Embauche traite du recensement des personnes selon leur race sur les campus collégiaux. Le formulaire EEO-6 est conçu à l'usage de diverses agences fédérales.

"Le terme blanc, dit la formule EEO-6, englobe les personnes de descendance indo-européenne y compris les Pakistanais et les Indiens de l'Est," mais n'englobe pas les Espagnols ni toute personne née en Amérique latine. Ces derniers doivent être inscrits comme "portant un nom de famille espagnol." Le terme "Americain asiatique," ajoute-t-on dans le feuillet d'instructions, signifie non seulement "les personnes de descendance japonaise, chinoise, coréenne ou philippine," mais aussi celles "dont l'apparence révèle des origines orientales ou polynésiennes." Le terme "autre" est un véritable fourre-tout puisqu'il "devrait inclure les Aléoutes, les Esquimaux, les Malais, les Thailandais et autres."[3]

Le problème évident de caser chacun au bon endroit est aggravé par l'oubli de nombreuses races qui sont en réalité indo-européennes, comme les Juifs et les Arabes. Bien d'autres races ne sont pas incluses dans les diverses catégories comme les Finlandais, Hongrois, Turcs et Basques. Enfin, des difficultés se sont présentées lorsqu'on a dû classer les Amérindiens. Où est la solution? On les définit ainsi: "des personnes qui s'identifient à ce titre ou qui sont des Amérindiens reconnus en vertu d'une association tribale, ou qui se considèrent comme étant des Américains autochtones." En d'autres termes le fait d'être né en Amérique ne fait pas de vous un Américain autochtone.

L'EEOC s'est rendu compte de ces lacunes un peu tard et a prévu un plan en trois étapes pour déterminer la nationalité d'une personne sans le lui demander (ce qui est défendu). Nous lisons "on ne favorise pas la demande de renseignements sur la race ou l'origine nationale d'une personne par des questions directes." Par contre, l'administrateur peut "**regarder**" la personne et faire "l'analyse visuelle de ses traits." S'il ne réussit pas par cette méthode, il peut catégoriser la personne d'après ce que "la collectivité" en pense. En **dernier ressort** on peut considérer le sujet comme faisant partie du groupe auquel il "s'identifie", en présumant qu'il ne choisisse pas plus d'une catégorie raciale ou nationale.

Quand la race devient un critère de sélection ou le principe d'une action, il faut s'attendre à des conflits raciaux. Pourquoi ne pas permettre à chacun d'agir pour soi-même et selon ses propres valeurs sur le marché libre, là où la couleur n'a pas d'importance? La législation dans ce domaine ne peut qu'avoir un effet négatif et mène, dans biens des cas, à des règlements ridicules.

Comment le gouvernement peut-il agir sur l'économie et faire en sorte que la race joue un rôle plus important qu'elle n'aurait dû? Dans son livre **A Theory of Racial Harmony**, Alvin Rabushka explique;

1. Le gouvernement tire ses ressources du public et les utilise pour assurer au maximum son propre bien-être. Dans une société multiraciale, cela signifie le bien-être de la race dominante et non pas le bien-être de tous les citoyens.

2. Le gouvernement n'a pas les connaissances nécessaires pour réussir à répartir de façon efficace les biens publics car il dispose de peu d'informations, qui sont d'ailleurs coûteuses en l'absence de marché. Dans les sociétés multiraciales, le gouvernement n'est même pas intéressé à se renseigner; il fait plutôt preuve ouvertement d'une indifférence totale face aux préférences des minorités et les opprime par la force policière.

3. Les coûts d'administration et de surveillance dépassent souvent les bienfaits auxquels on peut s'attendre d'une intervention gouvernementale. Dans une société multiraciale, les minorités paient les coûts d'administration et de surveillance mais en tirent très peu d'avantages. Il est tragique de constater qu'elles sont opprimées par les groupes qu'elles financent.

4. Des problèmes de distribution empêchent souvent la fourniture efficace des biens publics. Dans une société multiraciale, les critères de rationnement sont presque exclusivement raciaux. Les biens publics deviennent ainsi une réserve privée, à l'usage de la collectivité avantagée sur le plan politique.

5. Le gouvernement ne peut mettre au point un plan de fiscalité efficace. Dans une société multiraciale les impôts sont perçus des membres de la collectivité, mais on peut exclure les minorités politiques de la consommation de tous les biens publics pour lesquels elles paient.

6. La liberté se perd quand le gouvernement consomme les ressources économiques privées. Sa perte est d'autant plus grande pour les minorités raciales qui contribuent par leurs ressources à l'ensemble des impôts et sont par la suite exclues de la possibilité de consommer les biens publics pour des raisons d'ordre racial.

Quelles sont les conclusions de Rabushka? "Dans une situation d'échanges volontaires sur un marché libre, les tensions et les conflits raciaux sont réduits au minimum."

L'ASSISTANCE SOCIALE

Si quelqu'un vous vole, il est certain que son geste est fautif. Mais supposons qu'une tierce partie saisisse vos biens au nom de la première personne? Cet acte reste-t-il fautif? Supposons que la tierce personne soit un percepteur d'impôt? Cet acte est-il subitement devenu noble et humanitaire?

Lorsqu'un gouvernement saisit votre argent afin de subventionner des programmes d'aide, en quoi ce geste diffère-t-il de celui d'un voleur?

Mais, protesterez-vous, c'est bien différent! Le prestataire ou l'assisté social est dans le **besoin!**

Le besoin... cela change-t-il quelque chose?

Supposons que Monsieur Jones se meurt d'une maladie des reins. L'État s'empare de vous contre votre gré et vous enlève un rein en vue d'effectuer une greffe. L'État a-t-il le "droit" d'agir ainsi? Le besoin dont a Monsieur Jones d'un rein justifie-t-il le fait que l'État prenne le vôtre sans votre permission?

Supposons qu'un pays puissant envahisse un pays plus faible pour étendre son espace vital (lebensrum). Il a besoin du territoire pour faire face à l'expansion de sa population et de son industrie. C'est ce que prétendait l'Allemagne lorsqu'elle envahit la Pologne, et le Japon lorsqu'il envahit la Chine. L'envahisseur est-il justifié de commettre un tel geste? A-t-il le **droit** de s'emparer de la terre d'un autres pays parce qu'il en a besoin?

Supposons que vous ayez travaillé l'été pendant trois ans dans le but de gagner suffisamment d'argent pour parcourir l'Europe à bicyclette. L'État saisit vos économies pour nourrir une famille dans le besoin. A-t-il le droit d'agir ainsi parce qu'il existe un besoin?

Dans chacun de ces cas, le besoin était véritable. Voilà où nous voulons en venir: le besoin n'établit pas le droit d'enfreindre les droits des autres.

Il est vrai que la pauvreté est un spectre qui a hanté toutes les civilisations. Il est également vrai que les gouvernements ont l'habitude d'instituer des systèmes d'assistance aux pauvres et que le résultat est finalement prévisible. Tout d'abord, les programmes prennent des proportions gigantesques, et deuxièmement, la pauvreté est plus grande qu'elle ne l'a jamais été.

Voilà où en sont les États-Unis. En octobre 1973, onze millions de citoyens recevaient **l'aide aux familles avec enfants à charge** (AFDC).[5] Il s'agissait d'une augmentation de 33% par rapport à 1970 alors qu'on comptait environ 8,3 millions de personnes dans un tel cas. Dans la seule ville de New York, on comptait 326 000 assistés sociaux en 1960.[7] En 1972, on en comptait 1 275 000.[8] Plus de 10% des résidents des vingt plus grandes villes américaines sont des assistés sociaux.[9] Dans l'ensemble du pays, le nombre des assistés sociaux est passé de 6 052 000 en 1950, à 15 069 000 en 1972.[10] Ce chiffre a plus que doublé en vingt-deux ans.

Le gouvernement, c'est bien connu, est inefficace lorsqu'il s'agit des programmes d'assistance sociale. Il n'est pas rare de voir un tel programme consacrer les deux tiers du budget à l'administration et un tiers seulement aux nécessiteux. Par exemple, le programme à l'intention des enfants à la charge des tribunaux de San Diego en 1973 a dépensé $944 532 pour l'administration et seulement $322 384 pour le soutien et l'entretien des enfants.[11]

Le programme d'aide à la pauvreté, de triste mémoire, est un échec coûteux. Où est la solution? Qui alors se chargera des nécessiteux, de ceux qui en ont vraiment besoin? Car il y en a qui n'ont pas gaspillé leur argent ni mené des vies de débauche. Bien des individus sont **véritablement** victimes de tragédies sans qu'il n'en soit de leur faute. Qui va s'en charger? Va-t-on les laisser mourir de faim pendant que d'autres individus, égoïstes, vaquent à leurs occupations sans se soucier d'autrui.

Le simple citoyen a toujours consacré beaucoup d'argent et de temps à l'aide aux nécessiteux. En 1973, année au cours de laquelle le gouvernement prélevait à peu près le quart du revenu de chacun pour le consacrer à l'administration de ses programmes, les citoyens ont donné volontairement plus de $24,5 **milliards** à des oeuvres de charité ($22 milliards provenaient de particuliers et non pas de fondations ou d'entreprises).[12] On pourrait présumer, en se fondant sur ces faits, ce que feraient les individus si on les laissait dépenser toute leur paie comme ils l'entendent, plutôt que d'y être forcés par le gouvernement.

Entre prétendre qu'il est souhaitable d'aider les nécessiteux et être forcé de le faire, il y a une marge; celle de la liberté.

Il n'y a pratiquement pas de différence, en principe, entre la perception forcée d'argent pour soutenir des programmes d'assistance sociale, et la servitude involontaire. Dans un cas comme dans l'autre un individu est forcé d'en servir d'autres.

Dans une société libre, l'individu n'est pas forcé de servir les autres. Il n'est pas forcé de renoncer au produit de sa vie en faveur du Roi ou de l'Église, du riche ou du pauvre. Il peut aider ou pas ceux qui sont dans le besoin; il en est le seul juge. Dans une société libre, le gouvernement ne joue pas son rôle lorsqu'il impose cette décision par la force.

Quand on y réfléchit, la plupart des gens **aiment** aider les pauvres. Ils en ressentent de la satisfaction. A partir de cette motivation égoïste, les pauvres sont aidés plus efficacement. Mais lorsque les dons sont obligatoires, il en résulte souvent du ressentiment. Bon nombre de ceux qui sympathisaient auparavant avec les miséreux et les victimes innocentes de la "malchance" considèrent les assistés sociaux comme des parasites. De même, bon nombre d'anciens bénéficiaires d'oeuvres de charité privées étaient reconnaissants envers ceux qui les aidaient et tentaient de se remettre à flot au plus tôt. Mais quand le don est obligatoire, bon nombre de ceux qui reçoivent commencent à considérer cette charité comme un droit et à exiger davantage.

LA SÉCURITÉ SOCIALE

La sécurité sociale, en dépit des critiques, est une aubaine pour les retraités, c'est-à-dire si vous projetez de prendre votre retraite dans quelques années. Par contre, si vous commencez à peine à travailler, vous serez l'une des victimes les plus à plaindre depuis la vente du pont de Brooklyn.

Un grand-père de 65 ans prit sa retraite en 1973. Si lui et son employeur ont payé le maximum à la sécurité sociale depuis trente-six ans, ces versements s'élèvent à $4 639.20. Au taux actuel de $317.24 par mois, dans quinze mois, il aura récupéré tous les versements. A 65 ans, cet homme a une espérance de vie de quatorze ans. Il bénéficiera donc pendant treize années supplémentaires des indemnités de retraite qu'il n'a pas eues à payer. La sécurité sociale peut constituer une aubaine pour certains.[13]

Peut-être que pour son petit-fils de 25 ans, qui a commencé à gagner le salaire maximum imposable ($13 200) en 1973, l'avenir ne sera pas aussi favorable. Dépendant de la façon dont on joue avec les statistiques, en tenant compte ou pas de l'inflation, le petit-fils pourra se situer entre le désespéré et le démuni.

Tout d'abord, envisageons l'avenir en tenant compte de l'inflation. **La clause mobile** de 1972 prévoit l'augmentation des prestations et des contributions si l'inflation dépasse 3% par année. Les jeunes travailleurs et leur employeur verseront $85 000 chacun pendant quarante ans, ce qui donne $170 000 au total. A 5% d'intérêt, cet argent investi représenterait $370 000.

Les tables fédérales indiquent des prestations mensuelles de $404.50 à cette époque.[15] Cela représente 76 années de versements. Pour récupérer sa mise, le petit-fils devra vivre jusqu'à 141 ans. Si l'on estime que l'Américain moyen vit jusqu'à 79 ans, le futur retraité devra toucher $2 200 par mois pour récupérer ses cotisations.[16]

Deuxièmement, admettons qu'il n'y ait plus d'inflation au cours des quarante prochaines années et que la clause de mobilité ne s'applique pas. Le petit-fils et son patron verseront $31 293.60 qui, avec intérêt, donnent $73 275.00. Au taux actuel des prestations, un homme et sa femme devraient tous deux vivre jusqu'à 98 ans pour récupérer ce qu'ils ont versé.[17]

Les choses sont encore pires si le petit-fils ne se marie pas ou s'il est veuf. Sa rente mensuelle de $218.00 serait inférieure à ce qu'il recevrait en intérêts composés de 4% annuellement sur ses cotisations. En d'autres termes, même si le petit-fils vivait éternellement, il pourrait retirer cette somme à perpétuité sans jamais toucher à son capital. Même Mathusalem y aurait perdu au change.[18]

Par l'adoption, en 1935, des lois sur la sécurité sociale, on cherchait à assurer aux travailleurs de quoi subvenir à leurs besoins lorsqu'ils avanceraient en âge. L'épargne forcée imposée par le gouvernement réduirait le fardeau financier provoqué par une incapacité ou un décès. Mais, en réalité, il s'agit peut-être de la loi la plus injuste jamais adoptée. Non seulement le pauvre paie-t-il un pourcentage plus élevé de son salaire, mais c'est celui qui se trouve dans la catégorie d'imposition la plus élevée qui retire le plus de bénéfices.

La loi dit que 5,85% de votre salaire jusqu'à un maximum annuel de $13 200 doit être retenu à titre de cotisations.[19] Plus le salaire est élevé, plus le pourcentage des contributions baisse par rapport au salaire. Par conséquent, la personne qui gagne $32 000 par année ne verse que 2% de son revenu à la sécurité sociale, tandis que celle qui en gagne $10 000 en verse 5,85%. En fait, plus de la moitié des familles du pays versent plus d'argent à l'heure actuelle à la sécurité sociale qu'à l'impôt sur le revenu. Contrairement à l'impôt fédéral échelonné, les contributions à la sécurité sociale ne prévoient aucune exemption. Plusieurs types de revenus ne sont pas imposables aux fins de la sécurité sociale; les gains en capitaux, les loyers, l'intérêt et les dividendes d'actions.

Non seulement les riches paient-ils moins en pourcentage, mais ils retirent plus de bénéfices, car ils commencent à travailler plus tard dans la vie et vivent généralement plus vieux. C'est donc dire qu'ils reçoivent des prestations plus longtemps. Inversement, les noirs sont perdants sur toute la ligne, car ils commencent à travailler plus jeunes et meurent aussi plus jeunes. Bon nombre de ceux qui ont contribué à la sécurité sociale n'en retireront jamais un sou parce qu'ils n'ont pas travaillé pendant au moins dix ans, ou parce que leur conjoint reçoit des prestations.

La notion voulant que le patron paie ''sa part'' est un mythe auquel croient à la fois les législateurs et les travailleurs. La contribution de l'employeur fait tout simplement partie de ses coûts, comme les matières premières ou les factures du téléphone, et les salaires des travailleurs sont réduits d'une somme égale à celle que les employeurs versent à la sécurité sociale.[21] C'est-à-dire que l'argent investi dans la sécurité sociale est récupéré par l'employeur, soit par le paiement de salaires inférieurs ou par l'imposition de prix plus élevés pour ce qu'il produit ou vend. En fin de compte, c'est le salarié qui paie puisqu'il est également consommateur.

L'idée fausse la plus répandue sur la sécurité sociale c'est que le système est une assurance à laquelle les gens versent des ''contributions'' et de laquelle ils retirent plus tard des indemnités ou des pensions. Il ne s'agit absolument pas d'une assurance, mais tout simplement d'une taxe pour permettre l'application d'une législation sociale.

En effet, la sécurité sociale a été instituée dans le but de devenir, dès 1960, une société d'assurance gouvernementale bien gérée sur le plan de l'actuariat, capable à tout moment de financier toutes les indemnités promises aux souscripteurs. Mais, dû à l'augmentation des indemnités et aux retards apportés à la hausse des contributions, la caisse de fiducie actuelle ne dispose que de cinquante milliards de dollars, bien qu'elle soit légalement responsable du versement de cinq cent milliards de dollars en indemnités.[22] C'est un chiffre conservateur. En juillet 1974 le **Wall Street Journal** rapportait: "C'est du Ministère du Trésor que nous parviennent les chiffres les plus décevants. Il s'agit pourtant des chiffres officiels. Au 30 juin 1973, la dette non capitalisée de la sécurité sociale était de $2,11 trillions. Autrement dit, au sens économique le plus strict, la dette nationale est d'au moins $2,11 trillions plus élevée que ne l'admettent les politiciens. Si, au 30 juin 1973, le régime avait refusé d'accepter tout nouveau travailleur en prétendant ne verser des prestations et ne recevoir des contributions qu'au nom de ceux qui étaient déjà protégés, ses déboursés au cours des soixante-quinze prochaines années auraient dépassé ses recettes de $2,11 trillions, plus les taux d'intérêt du marché, composés annuellement. L'an dernier, ce chiffre a augmenté d'environ 300 milliards."[23]

Comme l'a dit un économiste: "qualifier la sécurité sociale de système d'assurance exige une propension bien particulière à déformer le sens des mots."[24] Si, en réalité, la sécurité sociale était une assurance, pourquoi le gouvernement n'a-t-il pas tout simplement exigé que chaque citoyen achète une assurance-vieillesse auprès d'une société privée? En fait, la sécurité sociale est un autre éléphant blanc législatif grâce auquel le gouvernement étend son pouvoir sur l'individu.

Mais c'est l'avenir qui nous réserve les ennuis les plus graves. Quand le Congrès légifère pour étendre la protection et augmenter les contributions, il ne se rend pas compte à quel point il impose un fardeau aux générations futures qui devront continuer à faire vivre le système. Les responsabilités seront d'autant accrues que nous assistons actuellement à une tendance vers la croissance zéro de la population. Il naît moins d'enfants et ceux qui prennent leur retraite vivent plus vieux grâce à l'amélioration des soins de santé. Ce facteur à lui seul (sans tenir compte de la tendance actuelle à une retraite plus jeune, qui aggraverait la situation), augmente le nombre de personnes âgées récipiendaires d'indemnités; l'effectif ouvrier n'augmentera plus, mais les indemnités et les bénéficiaires se multiplieront. Il en résultera une hausse croissante des contributions pour compenser la réduction des effectifs cotisants. Après le deuxième conflit mondial, on comptait vingt travailleurs pour chaque bénéficiaire de la sécurité sociale; aujourd'hui, on compte moins de trois citoyens actifs pour chaque retraité.

Si le gouvernement n'avait pas adopté cette assurance sociale, les gens seraient plus enclins à assurer leur propre protection. Si les projets gouvernementaux étaient concurrentiels, le citoyen qui souhaite y adhérer et celui qui estime trouver mieux ailleurs, le feraient. Sinon, comme avant la mise en place du système, ils pourraient se fier aux oeuvres de charité. Il est temps de laisser tomber cette façade "d'assurance" et d'accepter le système pour ce qu'il est: une facture qui double la dette nationale et gruge une part sans cesse croissante des salaires de la population.

CHAPITRE CINQ

Le pain brûle

Un dictateur ne peut rester au pouvoir sans contrôler les sources de la richesse. Que ce "dictateur" soit une personne identifiable ou une abstraction appelée l'État, il lui est absolument nécessaire de contrôler l'économie. Le représentant officiel Stuart Chase du New Deal écrivait en 1932:

> Mieux encore, le nouveau régime saura interpréter les buts d'un système économique. On y proscrira les seize moyens de devenir riche, par le peloton d'exécution au besoin, et l'on cessera de dérégler le processus ordonné de la production et de la distribution. L'argent ne deviendra plus un but mais reprendra la place qui lui convient: un moyen d'économiser de la main-d'oeuvre. Le complexe monétaire, ce cercle vicieux, s'effondrera comme en Russie. Une carrière dans laquelle on vise à accumuler de l'argent n'attirera pas plus un jeune homme respectable que la profession de voleur, fraudeur ou faux-monnayeur. "Chaque citoyen, dit Keynes, travaillera pour la collectivité, et si chacun fait son devoir, la collectivité l'aidera. Faire de l'argent et l'accumuler ne peut faire partie des projets d'un homme rationnel en Russie. Une société où ce concept est appliqué, même partiellement, constitue une innovation étonnante."[1]

Voyons les propos de Max Eastman qui, après avoir consacré vingt ans à l'étude de ces concepts appliqués en Russie, écrivait sur l'économie dirigée, dans son livre **Love and Revolution**:

> J'avais cru ou espéré que lorsque les gens ne se feraient plus concurrence pour les biens privés (l'argent), ils se feraient concurrence pour les réalisations honorifiques

(travailler à l'amélioration de la société). Le mérite, au lieu de l'argent, serait l'objet du travail et la base de la distinction. Je ne croyais pas que le pouvoir deviendrait le nouvel objectif, et encore moins que les nouveaux dirigeants, à leur accession au pouvoir, s'arrangeraient aussi pour accaparer presque tout l'argent. J'avais encore des choses à apprendre; que le pouvoir exercé directement peut être plus hostile à la liberté, encore plus implacable et plus nocif pour le caractère de celui qui l'exerce, que le pouvoir appliqué indirectement par une prépondérance de richesse...[2]

Il semble bien que la meilleure garantie pratique de liberté politique soit un système économique où les sources de richesses sont possédées et contrôlées par des intérêts privés plutôt que concentrées entre les mains de l'État. En outre, la garantie la plus sûre de liberté politique et personnelle a été le libre marché ou ce qui s'en rapproche. Il semble, à l'heure actuelle, que cette garantie aura disparu dans quelques années.

Aujourd'hui, l'économie est emportée par la vague inflationniste la plus forte de l'histoire du pays. Les soupapes de sécurité inhérentes à l'économie du libre marché ont été fermées plus hermétiquement que jamais. Les banquiers n'ont pas à s'imposer de restrictions car le gouvernement fédéral est prêt, avec ses presses à imprimer, à empêcher la faillite du système bancaire. Les dépenses ne cesseront pas car les pouvoirs fédéraux ne le permettraient pas. En résumé, le gouvernement fédéral qui exerce, avec une ampleur sans précédent, le rôle complexe d'agent stabilisateur, a fait tomber les obstacles qui auraient pu freiner une expansion malsaine avant que des dommages excessifs ne se produisent.

Cela signifie-t-il qu'il y aura un autre krach? Pas nécessairement. Les cycles sont le produit caractéristique de l'économie mixte; une économie où le gouvernement intervient suffisamment pour engendrer une relance, mais encore suffisamment libre pour "avaler la pillule" et laisser les choses se régler d'elles-mêmes. Par le passé, quand la situation nous a fait comprendre qu'il fallait imposer des restrictions, les gens ont freiné leurs dépenses et leurs investissements; ils n'ont plus cette possibilité, car l'État est la principale source de dépenses. L'inflation actuelle ne sera vraisemblablement pas suivie d'une récession curative, mais plutôt par une très longue stagnation.

L'inflation représente une perte graduelle de liberté, car elle impose des contrôles économiques de plus en plus serrés dont on ressent graduellement les effets. L'économie chancèle et les bureaucrates demandent l'extension de leurs pouvoirs pour faire face aux "urgences" qui se succèdent. C'est une économie de réaction aux crises. Les usines du pays tournent au ralenti. L'industrie est presque au point mort.

Une nation à qui l'on a enseigné que "l'intérêt public prime sur les droits de l'individu" se soumet en silence. Trop peu de gens comprennent la simple logique de l'économiste français Frédéric Bastia:

"Voyez si la loi enlève à certaines personnes ce qui leur appartient pour le donner à d'autres à qui il n'appartient pas. Voyez si la loi profite à un citoyen aux dépens d'un autre, en faisant ce que le citoyen lui-même ne peut faire sans commettre un crime.

Abolissez ensuite cette loi sans tarder, car elle est non seulement un mal en elle-même, mais une source fertile d'autres maux puisqu'elle favorise les représailles. Si une telle loi (peut-être un cas isolé) ne peut être abolie immédiatement, elle va s'étendre, se multiplier et constituer un système."[3]

Toutes les grandes nations de l'histoire ont fini par s'effondrer dans la stagnation, la décadence et la tyrannie. Il semble que nous soyons la prochaine. Est-ce inévitable?

TROISIÈME PARTIE

**Ceux à qui l'on demandait d'où il venait
ne le savaient presque jamais.
Ils ne faisaient que manger et demander:
"N'en a-t-il pas toujours été ainsi?"**

LE PAIN DE VIE

Qu'arriverait-il si le gouvernement ne pouvait réglementer les prix, les catégories ou les qualités, pénaliser les grandes entreprises et subventionner les petites? Qu'arriverait-il si le gouvernement ne pouvait réglementer les tarifs, les modalités ou les conditions, punir l'efficacité et récompenser l'inefficacité? Qu'arriverait-il si le gouvernement ne pouvait utiliser son pouvoir que de façon **défensive** pour protéger la vie, la liberté et la propriété des citoyens contre la violence et la fraude? Qu'arriverait-il si le gouvernement ne pouvait rien faire d'autre?

Qu'arriverait-il si l'individu était libre d'acheter, de vendre, d'échanger, de produire, de louer ses biens ou ses services selon les modalités dont il conviendrait volontairement avec quelqu'un d'autre?

Bref, qu'arriverait-il si le gouvernement ne se mêlait pas de tout et de rien? Qu'arriverait-il si l'économie et l'État étaient séparés tout comme le sont l'Église et l'État?

Premièrement, ce système économique pourrait être qualifié de capitalisme du laisser-faire: un système économique dans lequel le commerce est fondé sur le libre-échange de biens ou de services, et où le gouvernement n'agit que pour protéger les participants contre la violence ou la fraude.

Deuxièmement, ce qui est encore plus important, on établirait des structures en vue d'assurer la jouissance au maximum des libertés individuelles. Une société libre.

La liberté est la capacité d'agir sans empêchement ni restriction. Lorsqu'elle découle d'un principe politique, la liberté des individus vivant dans une société signifie **le droit d'agir ou de ne pas agir selon son jugement pourvu que personne n'ait recours à la force contre quelqu'un d'autre qui tente de jouir de la même liberté**. Une société fondée sur ce concept de liberté doit répondre à certaines conditions d'implantation. Elle offre aussi certaines récompenses aux individus qui la composent.

Reste à se demander à quel point cette liberté est importante pour les gens (car seul leur désir de liberté peut l'instituer) et s'ils sont prêts à en payer le prix?

Pour répondre de façon rationnelle à cette question, il faut bien comprendre les principes en jeu.

On ne peut inventer des principes ni en légiférer l'application. On doit les découvrir. Pendant des siècles, les hommes ont ignoré les lois de la physique mais y étaient néanmoins assujettis. Ce n'est qu'après en avoir découvert les principes que les sciences physiques ont pu progresser de façon si étonnante. Il en est de même des actes de l'homme. Dans la mesure où les lois de la nature humaine ont été méconnues ou rejetées, les hommes ont souffert de pauvreté, de stagnation et de tyrannie politique.

Les principes fondamentaux de la liberté étant inhérents à la nature humaine, leur application engendre la réussite. Les principes fondamentaux du collectivisme (de l'étatisme) n'étant pas inhérents à la nature humaine, leur application est vouée à l'échec; non seulement l'histoire le prouve-t-elle, mais la situation actuelle dans le monde nous le confirme.

L'un des principes de la liberté est l'individualisme, selon lequel l'individu est en droit de poursuivre son propre intérêt et n'a pas l'obligation morale d'assujettir sa liberté aux exigences de la collectivité. Le concept des droits de l'individu est une expression de cette prémisse. Il signifie que la vie d'un individu lui appartient et qu'il peut en faire ce qu'il veut.

Les principes du socialisme, du communisme et du fascisme sont anti-individualistes. Ils nient le fait que l'individu a le droit de vivre comme il l'entend. Ils insistent pour que la principale obligation de l'individu soit de servir la collectivité, que cette collectivité s'appelle la "société," "l'État," "la mère-patrie" ou "l'intérêt public."

Un autre principe de la liberté est le droit de jouir des fruits de son labeur, c'est-à-dire de ses biens, que ses biens se présentent sous forme d'argent, d'aliments, de vêtements, de logements, d'embarcations, de biens immobiliers ou d'autre chose. Si l'individu n'a pas le droit de posséder le produit de sa vie et d'en disposer, son existence même, sa vie, sa liberté et ses biens dépendent de l'État ou de quelqu'un d'autre. Par conséquent, si le gouvernement veut servir l'homme plutôt que le gouverner, il doit protéger la propriété privée plutôt que la contrôler.

Dans les régimes socialistes, communistes ou fascistes, on supprime la propriété privée. On admet parfois la propriété privée nominale, contrôlée en définitive par l'État.

Le troisième principe de la liberté est le capitalisme. Lorsqu'on conserve l'institution qu'est la propriété privée, lorsque les hommes sont libres d'acheter, de vendre et de négocier le produit de leur propre vie, libres d'ingérence, il en résulte un système économique appelé capitalisme.

De toute évidence, le socialisme, le communisme et le fascisme ne sont pas capitalistes. Ils présentent de légères variantes entre eux, mais l'économie de ces régimes est fondée sur l'ingérence, les régies et les contrôles. L'État régit les salaires, les tarifs, les profits et la production, de façon parfois très peu évidente au début, mais qui progresse constamment vers des contrôles plus sévères.

Les principes de la philosophie politique représentent les critères d'évaluation d'un régime politique et social. La compréhension des principes de la liberté, individialisme, propriété privée et capitalisme, auraient pu éviter les tyrannies du passé. La compréhension de ces principes pourra éviter la tyrannie à l'avenir.

CHAPITRE 6

Pain sans levain

Il est tard et demain vous passez votre examen final de microbiologie. Le trimestre a été dur, mais vous allez vous en sortir en étudiant toute la nuit.

Au moment même où vous commencez à y voir clair, on frappe à la porte. Vous arrachant avec difficulté à vos passionnants microbes, vous allez ouvrir pour vous retrouver face à face avec votre voisin, tout penaud. Vous soupirez car la scène qui va suivre, vous la connaissez bien.

Votre voisin s'est bien amusé pendant le dernier trimestre. Il a étudié les mêmes matières que vous mais en y mettant moins d'ardeur. Il s'est surtout orienté vers les **activités parascolaires**. Il vous interrompt de la sorte régulièrement une fois la semaine. C'est chaque fois la même chose. Vous êtes si compréhensif à ses yeux qu'il vient pleurer sur votre épaule compatissante.

Ce qui a pu, au début, être de la véritable sympathie, s'est transformé petit à petit en antagonisme. Ce voisin vous a fait perdre un temps précieux tout au long du trimestre. Ce soir, chaque minute compte.

Que faire? Vous avez sans doute déjà pris une décision. Analysez-la maintenant sous deux angles: l'humanitarisme (l'altruisme), et l'individualisme.

Une personne humanitaire ou altruiste se préoccupe sincèrement du sort des autres. Dans ses actes, elle ne tient pas compte de ses propres intérêts, et va même parfois à leur encontre. Une telle personne estime que l'égoïsme est une chose répréhensible, et c'est pourquoi elle écoute tranquillement son voisin qui a besoin d'une oreille attentive et compatissante. Elle écarte toute pensée de l'échec qui l'attend demain.

L'individualiste, par contre, prend rapidement une décision. Il se préoccupe avant tout de lui-même. Il s'arrange pour faire sortir rapidement son voisin de sa chambre et pour retrouver le calme nécessaire à l'étude.

Bien des gens, trompés par ce qu'ils estiment être une doctrine humanitariste, se croient ou aimeraient se croire altruistes. Celui ou celle qui pratique constamment l'altruisme considère qu'il s'agit d'une obligation morale de sacrifier son bonheur et son bien-être à celui des autres, et enfin sa vie pour celle des autres. On peut prêcher l'altruisme, mais tous ne peuvent le pratiquer, car le véritable altruiste devient volontairement l'esclave des besoins et des désirs des autres. Le véritable altruiste n'est en définitive qu'un paillasson.

La philosophie qui reconnaît le bien-fondé pour l'individu d'agir dans son propre intérêt s'appelle l'individualisme. Elle soutient que l'individu est justifié de poursuivre son propre intérêt et que, par conséquent, il n'a pas l'obligation morale de placer le bien-être du groupe au-dessus du sien. Que cette façon d'agir donne naissance à une société libre, plus productive et plus prospère, n'est qu'une conséquence souhaitable et non pas un principe.

Cela signifie-t-il que l'individualiste ne se préoccupe absolument pas du sort d'autrui? Bien sûr que non. Il ne se préoccupe que des rapports qu'il a lui-même établis; parce qu'il estime que la vie humaine a de la valeur, il peut aider ceux qui sont véritablement dans le besoin, mais sa principale obligation est envers ses propres valeurs et non pas envers autrui. L'individualiste n'estime pas devoir subordonner son propre intérêt aux désirs des autres. Il résistera, évidemment, à une tentative de se voir imposer par la force cette prétendue obligation. Il ne tentera pas non plus de l'imposer à d'autres.

Ce qu'il faut savoir à propos de cette personne, c'est qu'elle n'est pas rigide mais souple, qu'elle n'agit pas conformément à des principes d'obligation ou de tromperie, mais en vertu d'une pensée et d'un raisonnement logiques et de l'estime de soi.

Il est très vrai que l'être humain bénéficie de son association avec autrui. Celui qui vit en ermite, à l'écart du monde, doit veiller à ses propres besoins et se passer de la compagnie des autres. Celui qui vit volontairement avec d'autres bénéficie de leurs connaissances, de leur production et de leur compagnie.

Encore une fois, ce sont les conditions de cette association qui peuvent poser des problèmes. Est-elle volontaire ou obligatoire? Est-elle fondée sur la reconnaissance mutuelle des droits des individus ou sur leur négation?

Quand toutes les associations sont volontaires, il en résulte une société libre dans laquelle chaque individu peut vivre pleinement, à la seule condition de ne violer les droits de personne ni d'aucun groupe d'individus.

A l'opposé, si la loi contraint les citoyens à servir les intérêts des autres, il ne s'agit plus de coopération: c'est de l'esclavage.

La Déclaration des droits de la Constitution des États-Unis n'a pas établi la souveraineté de la "société", mais bien la souveraineté de l'individu. Elle n'a pas non plus exigé que l'individu serve l'État, le Roi, la noblesse, la société, les riches, les pauvres, l'intérêt public, la mère-patrie ou l'humanité. Pourvu que l'individu n'ait pas recours à la contrainte, il était libre de vivre conformément à ses propres convictions. L'individualisme fut le fondement même de la nation la plus libre et la plus progressiste du monde. Il découle d'un concept des droits fondé sur la nature profonde de l'être humain.

Si vous viviez en ermite dans une clairière entourée de forêts impénétrables, et si vous n'aviez jamais vu d'autres humains, le concept des droits de l'individu ne signifierait rien pour vous. Vous seriez le seul responsable de votre vie. Mais quand des êtres humains vivent ensemble, il est évident que certaines règles doivent être établies pour protéger leur vie ou régler leurs rapports.

Toutefois, sur le plan social, quelle différence cela fait-il de ne pas se sentir obligé de servir aveuglément son voisin, ou bien de croire en la vertu du sacrifice? Aucune. C'est sur la scène politique que la force entre en jeu, légalement, pour définir les rôles de chacun. La question n'est plus matière à discussion.

Par l'intermédiaire du bras coercitif de l'État, ceux qui s'opposent à l'individualisme cherchent à convaincre l'individu de son obligation envers autrui. L'humanitariste veut que tous bénéficient des soins médicaux, par la force. Il encourage la fraternité, par la force. **Il veut rendre les hommes bons, par la force**. Il est important de noter que dans un régime politique fondé sur les libertés individuelles, l'être humain peut pratiquer toute forme de moralité (y compris le sacrifice de sa vie) à condition de ne pas employer sa force contre autrui. Mais dans un régime politique fondé sur le sacrifice, la liberté d'agir de l'homme ne dépend plus de ses croyances, car l'humaniste cherche à imposer le sens du devoir à tous. Il fait appel à la force pour qu'un être humain se sacrifie pour un autre.

"Être socialiste, déclairait le nazi Joseph Goebbels, c'est soumettre le **je** au **vous**; le socialisme, c'est le sacrifice de l'individu à la collectivité."[1]

"Nous allons prendre tout l'argent qui, à notre avis, est dépensé inutilement, nous allons le prendre aux riches et le donner aux pauvres qui en ont grand besoin."[2] (Citation du Président Johnson).

Staline: "Le véritable courage bolchevique ne consiste pas à placer la volonté d'un individu au-dessus de la volonté du Komintern. Le véritable courage consiste à être suffisamment fort pour maîtriser et surmonter ses propres désirs et les subordonner à la volonté de la collectivité, à la volonté de l'organisme central du parti."[3]

"Ne demandez pas ce que votre pays peut faire pour vous, mais demandez-vous ce que vous pouvez faire pour votre pays."[4] (Citation du Président Kennedy.)

Hitler: "Il est nécessaire que l'individu finisse par se rendre compte que son **moi** n'a aucune importance par comparaison à l'existence de sa nation... que les intérêts suprêmes de la collectivité doivent définir les limites et les devoirs de l'individu.

Observez la contradiction dans cet argument. Les humanistes prétendent que l'être humain doit s'oublier afin de servir le "bien commun." Mais en quoi consiste le "bien commun," s'il n'est composé de la somme du bien de chaque individu qui compose la société? Par conséquent, comment peut-on séparer le bien de la société du bien des individus qui la composent.

Quand on permet à chaque individu de vivre pleinement sa vie, sans l'assujettir à des actes obligatoires, il s'épanouit au maximum. Puisqu'on ne permet pas le recours à la force dans une société libre, chaque individu est libre de poursuivre ses objectifs jusqu'à la limite de ses possibilités. Toutefois, si l'État empêche l'individu de vivre conformément à ses principes, cet individu en souffre. Si l'on réduit ainsi le "bien" de chaque individu, il s'ensuit que le "bien commun" est réduit de façon substantielle.

Les Américains ont admis depuis longtemps que la charité et l'intérêt personnel étaient des éléments souhaitables de la nature humaine. Ils ont admiré ceux qui ont su équilibrer ces deux valeurs.

Mais, une fausse notion s'est infiltrée dans nos pensées, à savoir que le sacrifice de soi représente le "bien" et que l'individualisme représente le "mal". Donc (ainsi le veut cette école de pensée) la charité étant souhaitable, elle devrait représenter la philosophie de l'État et le gouvernement devrait veiller à son application. Ceci dit, on comprend facilement comment la plupart des gens sont conduits, à tort, à accepter le dogme humanitaire gouvernemental. Toutefois, prôner la charité forcée c'est demander de la vapeur froide ou de la glace bouillante. La charité, par définition, est un geste volontaire. L'imposer par la force c'est pervertir le trait de caractère (la bonne volonté) qui l'a engendré. On n'aura jamais les résultats escomptés d'une charité forcée. Puisque la tyrannie tire profit de l'humanitarisme, cette nation se dirige progressivement vers le totalitarisme plutôt que vers une société libre.

Quand Hitler s'écriait qu'il était du devoir de chaque bon citoyen allemand de se sacrifier pour le bien de sa mère-patrie, il aurait prêché dans le désert si on n'avait pas déjà inculqué ces mêmes principes à un trop grand nombre de **bons** citoyens allemands. Aussi longtemps que les gens croiront qu'il faut avant tout se sacrifier pour la "société" et le "bien commun," la "mère-patrie" ou "l'intérêt public," il y aura des dictateurs qui verront à ce que triomphe le sacrifice.

C'est en pratiquant l'humanitarisme jusqu'à sa limite politique logique qu'on établit des dictatures et qu'on détruit les droits des individus par: le contrôle du logement, le contrôle des prix, le contrôle des salaires, le contrôle de l'entreprise, le contrôle des syndicats., le contrôle de l'argent, le contrôle des banques, le contrôle de la télévision, le contrôle de l'information. **Et le contrôle d'une nation.**

CHAPITRE SEPT

Perdre un pain de sa fournée

La propriété privée a fait l'objet d'attaques depuis le jour où le premier non producteur a jeté un regard d'envie sur les fruits du travail du premier producteur. L'institution de la propriété privée a été condamnée pour avoir favorisé toutes les injustices sociales imaginables. Marx et Engels en ont demandé l'abolition, tandis que Pierre-Joseph Proudhon, théoricien social contemporain de Marx, déclarait: "La propriété c'est du vol."[1] Comment peut-on voler si le concept de la propriété n'existe pas? Comment une chose peut-elle appartenir à tout le monde, ou tout n'appartenir à personne?

Pendant des années, on a assisté à des discussions interminables sur les droits de la propriété par rapport aux droits de l'homme. Pourtant, un enfant pourrait comprendre que la propriété n'a pas de droits. Seuls les **humains** ont des droits. Les **droits** qu'ont les humains sont des droits de **propriété**.

Dans un article intitulé "Qu'est-ce que la propriété?", William W. Bayes signale que le droit fondamental de l'homme est le droit de vivre. Il **possède** la vie. "Sa vie n'appartient à personne et à aucun groupe. **La chose possédée** est son corps et le droit d'agir qui en découle, ou le droit à la propriété, est son droit de vivre. Or, la matière est éternelle mais la vie humaine ne l'est pas. La vie doit être soutenue en se procurant les moyens de survivre et en consommant. Si nous admettons que l'homme a le droit de vivre, nous devons admettre que l'homme peut utiliser ses facultés mentales et physiques pour se procurer ces moyens. Puisque les moyens (les aliments, les vêtements, le logement et ainsi de suite) ne sont généralement pas à portée de la main, il doit trouver de la nourriture ou la cultiver, fabriquer ses vêtements et se construire un abri. En résumé, il doit produire."[2]

Il doit donc s'ensuivre que si la production est nécessaire à la vie et que vous possédez votre vie, ce que vous produisez doit vous appartenir, sinon vous ne pouvez exercer votre droit de vivre. Comme le signale Bayes: "Un corrollaire du droit de produire est le droit de garder ce qu'on a créé. Si l'on peut garder ce produit, il s'ensuit qu'on peut le consommer, l'échanger pour des biens ou des services offerts par quelqu'un d'autre, le vendre ou le donner. L'homme peut faire toutes ces choses parce que **le droit du producteur est antérieur à celui de toute autre personne ou groupe**. Affirmer que l'être humain n'a pas de droit primaire, c'est en fait, lui refuser tout autre droit. C'est déclarer qu'il détient sa propriété par tolérance de quelqu'un, y compris celle du gouvernement, plus fort que lui, et que le pillage est admis. Mais s'il est permis de piller le producteur, il doit être permis à plus forte raison de piller quelqu'un qui lui-même à pillé. Donc, il s'ensuit que la force fait loi. Celui qui a la puissance peut prendre à quelqu'un d'autre ce qu'il a, et l'homme ne peut garder que ce qu'il peut défendre par la force. Si l'homme n'admet pas que la force fait loi, il doit respecter le droit d'autrui à la vie, à la production et à la consommation, à la conservation, à l'échange, à la vente ou au don de ce qu'il a produit."[3]

La propriété ne touche pas seulement les biens personnels et meubles. Le Dr Bayes poursuit son exposé: "Les droits intangibles ou incorporels que nous, Américains, croyons inestimables, tels les droits garantis par la Constitution, étant des **choses possédées** et mettant en jeu **le droit d'agir**, sont des biens possédés ou des propriétés. Cela signifie que les droits, comme le droit de libre expression, de culte, d'assemblée pacifique ou de justice sont tous des propriétés. S'ils sont des propriétés, les droits en cause sont essentiellement des droits de propriété. Il n'y a pas de droit qui ne soit propriété et il n'y a pas de propriété qui, si elle ne constitue pas un droit en elle-même, ne soit pas le fruit de l'exercice d'un droit."[4]

Les droits eux-mêmes sont notre propriété et font légitimement partie de notre héritage politique. John Locke affirmait que nous avons la propriété de notre propre personne tout comme celle de nos propres possessions. Thomas Jefferson et James Madison croyaient que "le gouvernement ne peut violer directement ou indirectement la propriété que les individus ont de leurs opinions, de leur religion, de leur personne ou de leurs facultés."[5]

A cet égard, Bayes fait l'observation suivante: "Il est intéressant de noter que bon nombre de professeurs, qui ne partagent pas ce point de vue traditionnel sur la propriété, lui rendent hommage lorsqu'ils insistent pour jouir de la "liberté académique". En effet, la soi-disant liberté académique n'est rien que de plus que le droit d'avoir des opinions (de les **posséder**) et de les exprimer (les **utiliser**, en **jouir** et en **disposer** comme d'un bien ou d'une propriété). Si on les paie pour prononcer un discours, rédiger un article dans un périodique ou écrire un livre, c'est qu'on les paie pour exprimer leur avis (ou peut-être simplement une opinion intéressante) en tant qu'experts. Il est absurde de supposer qu'on les paie pour quelque chose qui ne leur appartient pas et que, par conséquent, ils ne peuvent vendre. Il s'agit bien d'une propriété, celle de leur opinion, qui est renforcée et acquiert une certaine valeur commerciale, compte tenu de leurs connaissances spécialisées et de leur capacité d'exprimer leur opinion de façon claire et intéressante."[6]

Le droit d'un individu de disposer de sa propriété ne lui donne pas le droit de disposer de la propriété d'autrui. Mettons qu'un individu possède une balle, il n'a tout de même pas le droit de la lancer à travers la fenêtre de son voisin. Il ne s'agit pas d'une restriction imposée au droit de propriété par la société ou l'État, mais bien de la reconnaissance de droits égaux aux autres individus.

Par exemple, l'abolition de l'esclavage ne constituait pas une restriction du droit de propriété, comme certains l'ont prétendu, car ce "droit" n'existait pas au départ. L'institution de l'esclavage n'était pas l'exercice d'un droit de propriété, mais une violation de ce droit, puisqu'on refusait aux esclaves le droit de mener leur propre vie. L'abolition de l'esclavage n'a pas limité le droit de propriété; elle l'a affirmé pour tous les peuples de toutes les races.

Dans l'histoire qu'il relate de la colonie de Plymouth, le Gouverneur Bradford décrit comment les Pèlerins cultivaient la terre en commun, le produit étant engrangé dans un magasin commun. Pendant deux ans, les Pèlerins pratiquèrent la propriété communautaire des moyens de production. Non seulement souffrirent-ils de famine, mais ce système n'engendra que du mécontentement...

> "Les jeunes hommes les plus aptes au travail prétendaient qu'ils n'étaient pas tenus de consacrer leur temps et leurs efforts à travailler pour les épouses et les enfants des autres hommes, sans aucune récompense. Les forts, ou les hommes vaillants, n'avaient pas plus de victuailles que les faibles ni que ceux qui ne faisaient que le quart du travail du fort; on estimait qu'il s'agissait là d'une injustice..."[7]

Le Gouverneur Bradford écrivit: "la famine sévira encore l'an prochain si l'on ne la prévient pas par certains moyens". Le "certain moyen" sur lequel la population se mit d'accord fut l'institution de la propriété privée, et les résultats furent fantastiques:

> L'époque des moissons était arrivée et ils n'étaient pas acculés à la famine. Dieu leur donnait l'abondance... Et par l'effet de leurs cultures privées, on constatait facilement que tous, d'une façon ou d'une autre, arriveraient à passer l'année et que certains des plus aptes et des plus industrieux auraient des surplus qu'ils pourraient vendre aux autres, de sorte qu'il n'y eut plus ni famine ni pénurie générale parmi eux depuis lors.[8]

La colonie de Virginie vécut une expérience semblable. Le Capitaine John Smith relate:

Lorsque nos gens étaient alimentés à même le magasin communautaire et travaillaient ensemble, heureux était celui qui pouvait se sauver de son travail ou dormir, car la tâche ne l'intéressait nullement. Les plus honnêtes ne démontraient pas plus d'ardeur au travail en une semaine qu'ils n'en démontrent aujourd'hui en une seule journée pour leur propre compte...[9]

Lorsqu'il n'y a pas de droit de propriété, aucun autre droit ne peut être assuré. Quand l'État contrôle la propriété, l'exercice des autres droits est conditionnel et dépend finalement de l'approbation de l'État. Prétendre le contraire serait prétendre qu'il n'existe pas de droits; mais des faveurs accordées ou retirées par quelqu'un ou par un groupe.

Dans son livre intitulé **Fruits of Fascism**, Herbert L. Matthews cite Mussolini: "Posséder est non seulement un droit mais un devoir. Je ne parle pas d'une possession égoïste mais d'une possession à des fins humaines et sociales." Comme le fait observer Matthews:

Cet énoncé, selon la terminologie fasciste, finissait par signifier que la propriété privée, comme tout le reste, devait être placée au service de l'État. On serait en droit de se demander dans quelle mesure la propriété privée fut grugée par la fiscalité, les investissements forcés et l'ingérance gouvernementale qui dictait à un homme ce qu'il devait produire, en quelle quantité, avec quelle main-d'oeuvre et à quel prix. Bref, la propriété peut-elle exister dans un régime totalitaire? On laisse aux individus les titres de leur propriété, mais puisqu'ils peuvent l'utiliser seulement de la façon prescrite par le régime, cela devient une certaine forme de propriété de l'État, comme tout le reste.[10]

Quelques exemples courants pourront mieux nous faire comprendre dans quelle mesure la propriété privée est placée au service de l'État dans notre pays à l'heure actuelle.

En 1972, les électeurs de l'État de Californie adoptèrent, par consultation directe, la Loi de Conservation de la Zone côtière, établissant des Commissions Côtières aux pouvoirs dictatoriaux presque illimités. La loi définissait la zone côtière comme s'étendant de l'Orégon jusqu'à la frontière du Mexique, dans la mer jusqu'aux frontières de l'état, et dans les terres intérieures jusqu'à la montagne la plus haute de la chaîne côtière la plus près. Cet immense territoire englobe des villes, notamment Los Angeles, San Francisco et San Diego. La loi dit: **"Le peuple de l'État de Californie constate et déclare par les présentes que la zone côtière de Californie constitue une ressource naturelle précieuse et distinctive appartenant à l'ensemble de la population."**[11] Et comme si cet accaparement de millions d'acres de propriété privée ne suffisait pas, on ne souffle pas un mot dans ce texte de l'indemnisation des expropriés privés de leur droit de propriété.

Bruce Johnson, ancien membre d'une Commission Côtière Régionale de la Californie, écrit dans la revue **Reason**:

Un propriétaire foncier comparut devant la Commission Côtière régionale à laquelle je siégais pour demander la permission de construire un immeuble en copropriété sur quatre acres de terre de la côte californienne. On refusa de lui accorder cette permission lors d'une audience publique parce que la construction d'un tel bâtiment obstruerait la vue de l'eau pour les automobilistes qui emprunteraient la route d'État la plus près. L'existence d'une route panoramique entre le litoral et la parcelle de terre en question fut déclarée non pertinente.

Étant donné que n'importe quelle structure obstruerait la vue des automobilistes de la route d'État, j'ai demandé si on permettrait une utilisation **quelconque** de ces terres. Le personnel de la Commission répondit que la parcelle de quatre acres pourrait servir à un club de golf ou à un ranch pour l'élevage du bétail. Vous avez déjà joué au golf sur un parcours d'un trou? Vous avez déjà entendu parler d'un ranch d'élevage rentable sur lequel on ne compterait que quatre têtes de bétail?

D'autres projets ont été rejetés à la suite des recommendations du personnel qui prétendait que "le projet en question empêcherait une autre agence gouvernementale de faire appel à d'autres possibilités de planification." En d'autres termes, le droit d'utilisation d'un terrain privé appartient à l'État et non pas à l'individu. On ne peut qu'en venir à la conclusion que les propriétaires de ces parcelles de terre ont été lésés de leur droit de propriété, sans indemnisation. Ils n'en conservent que les titres et la responsabilité du paiement des impôts fonciers."[12]

Un autre exemple de cette concentration des pouvoirs concerne l'expansion prévue de l'usine d'énergie nucléaire de **San Diego Gas and Electric Company** à San Onofre. Un représentant officiel de la Commission de l'Énergie Atomique a confirmé que les projets d'expansion avaient été vus et approuvés par au moins 33 agences fédérales, d'état et locales (s'occupant de l'environnement et de la sécurité). Il a fallu trois ans et près de $228 millions de frais de modification à **San Diego Gas and Electric Company** pour recevoir l'approbation de toutes les agences nécessaires. Le 5 décembre 1973, la Commission Côtière (qui fut instituée par un vote de l'électorat bien longtemps après que le projet d'expansion de San Onofre eut passé l'étape de la revision) réussit à opposer son véto à la mesure adoptée par la Commission régionale et à contrecarrer les projets d'expansion. Bien que la crise de l'énergie et l'opinion publique fit par la suite changer d'avis aux onze membres de cette commission, le fait que ces derniers aient disposé des pouvoirs nécessaires pour adopter un tel règlement est incompatible avec les principes d'un pays libre.[13]

Un autre exemple des pouvoirs de cette Commission Côtière mit en cause **AVCO Community Developers Inc.**, du sud de la Californie. Cet important conglomérat industriel se proposait de développer ses terres côtières en y construisant de spacieux appartements en copropriété (répondant aux critères de densité maximale du comté, avec 45% à peine de densité d'occupation). On prévoyait la mise en place de courts de tennis, piscines, terrains de golf publics, etc. En plus, on mettait à la disposition du comté 34 acres de propriété riveraine de l'océan à des fins de plage publique. Ces terres possédées par des intérêts privés furent complètement nivelées en vue de la construction avant que la Commission Côtière ne fut investie de ses pouvoirs. Afin de procéder à la construction, AVCO devait demander les permis nécessaires à la Commission nouvellement établie, qui les lui refusa.

AVCO fut alors pris entre les exigences contradictoires de deux organismes gouvernementaux. D'une part, le comté exigeait qu'AVCO termine les travaux de la plage publique promise dans un certain délai, tandis que d'autre part, la Commission Côtière refusait à l'entreprise les permis nécessaires au parachèvement des travaux. Entretemps, l'entreprise verse toujours $15 000 par jour d'impôts sur ses terres inutilisées.

Dans une tentative pour sauver la riche couche de terre arable de l'érosion au cours de la saison des pluies, AVCO demanda à la Commission de lui laisser au moins semer du gazon sur ses propres terres. Cette permission lui fut également refusée car la Commission craignait qu'AVCO, après avoir investi plus d'argent dans le développement, soit en meilleure posture lors des poursuites devant les tribunaux. Deux années se sont écoulées et la terre, horrible à voir, continue de s'éroder à chaque saison des pluies. A l'heure actuelle, même lorsqu'il pleut légèrement, l'océan est bruni par le sol emporté par la pluie.[14] S'agit-il de protéger l'environnement ou de protéger les pouvoirs de la Commission?

Il ne fait aucun doute qu'un bon nombre d'Américains, surtout les citadins, se préoccupent de plus en plus des maux sociaux qu'engendre le développement excessif: la congestion de la circulation, la pollution de l'air et de l'eau, l'expansion constante des villes pour n'en citer que quelques-uns. Mais le fait d'avoir accordé au gouvernement plus de pouvoirs pour faire face à ces problèmes n'a pas donné les résultats escomptés; un gouvernement à qui l'on permet de dispenser des faveurs finit généralement par être corrompu, inefficace et par ne dispenser ses faveurs qu'à ceux qui exercent une certaine influence.

Quelles solutions pourraient venir à bout de ces problèmes? Équilibrer les impôts fonciers de sorte que le fermier n'ait pas à vendre sa terre à des promoteurs pour les payer. S'assurer que le droit de propriété comprenne le droit de développer ses propres terres mais non pas de nuire aux autres en polluant l'air, en contaminant l'eau ou en causant un niveau de bruit intolérable. Mettre en danger la vie ou les biens d'autrui ou causer du tort à ses concitoyens serait illégal dans une société libre.

En fait, c'est exactement ce que la Cour Suprême a déclaré dans la cause de la **Commission d'Éducation de Virginie Occidentale contre Barnette**: "Le droit de quelqu'un à la vie, à la liberté et à la propriété… et d'autres droits fondamentaux ne peuvent être assujettis à un vote, ni dépendre du résultat d'une élection."[15]

Sinon, toute loi avec laquelle la majorité est d'accord deviendrait "légale", qu'il s'agisse de la stérilisation forcée des personnes d'une certaine race, de l'euthanasie pour les hommes et les femmes de plus de soixante-cinq ans ou de la restriction de la liberté d'expression qu'on n'accorderait qu'à ceux que l'on estime être des personnes "raisonnables".

La création de la Commission Côtière de Californie et des propositions semblables faites au Congrès permettent au vote de la majorité de réglementer la propriété privée. Sans compter qu'on ne prévoit aucune indemnisation relative aux dommages découlant de l'application de tels règlements. L'État contrôle votre propriété. Vous n'en conservez que les titres.

CHAPITRE HUIT

Treize à la douzaine

Les arguments en faveur de la liberté économique ne reposent pas entièrement sur les réalisations productives d'un tel système: bâtiments, maisons, voitures, baignoires, médicaments, téléviseurs, biftecks, salades apprêtées au Roquefort. Rien ne prouve que la recherche par l'homme d'un but dans la vie, sa recherche d'épanouissement, soit aidée par ces réalisations qui ne devraient être ni rejetées ni adorées. Rien dans la vie de ceux qui les adore ne prouve que ces personnes trouvent dans leurs idoles la justification et la paix ultime.*

Les arguments en faveur de la liberté économique reposent principalement sur l'harmonie entre le libre marché et la nature fondamentale de l'homme, sur la moralité de son système de récompenses et de punitions, sur la protection qu'elle accorde à l'intégrité de l'individu.

Le marché libre ne produit peut-être pas un monde parfait, mais il peut créer un environnement dans lequel l'homme peut chercher comme il l'entend à se réaliser; dans lequel, chaque jour, il peut ordonner sa vie selon sa propre vision de son destin, souffrant à la fois de l'agonie de ses erreurs et du plaisir de ses succès.

La liberté économique totale existerait si la seule fonction du gouvernement était d'empêcher l'utilisation par un individu, un groupe ou un gouvernement de la force ou de la fraude contre les citoyens.

---

*Ce passage et plusieurs autres du présent chapitre sont tirés presque intégralement de **The Case for Economic Freedom** du Dr Benjamin Roogge, **The Freeman**, septembre 1963.

Habituellement, lorsqu'on discute de la liberté personnelle, on s'inquiète des libertés non économiques de l'homme: la liberté d'expression, de religion, de la presse, du comportement.

Fréquemment, les gardiens les plus zélés de toutes ces libertés importantes prônent ouvertement la suppression de la liberté dans le domaine économique. Lorsqu'on parle de commerce, de fabrication et de commercialisation des biens, ils favorisent le remplacement de la liberté par des contrôles rigoureux.

On peut se poser la question suivante: pendant combien de temps peut-on conserver les libertés non économiques dans une société qui refuse à l'homme la liberté économique?

Par exemple, la liberté de presse est pratiquement impossible à réaliser si l'État possède les journaux, l'encre et les presses; la liberté d'assemblée est difficile à réaliser si l'État contrôle tous les lieux de rassemblement et leur utilisation. Un individu libre ne pourrait subsister dans une société où l'État contrôlerait tous les emplois et les sources de revenus, donc les éléments essentiels à la vie: l'alimentation, le vêtement et le logement.

"Confiez-moi le contrôle des actes économiques d'un homme et par conséquent de ses moyens de survie, et à l'exception de quelques rares héros, je vous promets de vous livrer des hommes qui pensent, écrivent et se comportent comme vous souhaitez qu'ils le fassent."[1]

En d'autres termes, lorsqu'on limite la liberté économique, les libertés personnelles finissent par se dégrader. Si l'on accepte cette thèse, il doit toujours y avoir une énorme méfiance à l'égard de chaque projet gouvernemental de limiter la liberté économique.

Qu'est-ce qui ne va pas dans un système où l'État impose la sécurité sociale? Ce système nie la liberté de l'individu, son droit de choisir ce qu'il fera de ses propres ressources. Qu'y a-t-il de mal à l'application par le gouvernement de la loi du salaire minimum? Elle nie à l'employeur et à l'employé leur liberté individuelle d'établir entre eux des rapports volontaires, ne mettant en jeu ni la force ni la fraude. Qu'y a-t-il de mal dans le fait qu'un gouvernement aide un gouvernement étranger? Cela empêche l'individu de n'appuyer que les causes qu'il estime justes. Qu'y a-t-il de mal à l'application d'un tarif douanier ou d'un contingentement aux importations? Elle empêche le consommateur d'exercer individuellement son droit d'acheter ce qu'il veut, de qui il veut.

Supprimer toutes les lois qui entravent la liberté économique individuelle équivaudrait à supprimer au moins les trois quarts de toutes les activités actuelles du gouvernement. Il est effarant de songer aux effets de l'application de cette simple méthode sur l'appareil de contrôle de l'État à tous les niveaux de gouvernement.

Il y a quelques mois, un magazine d'information populaire illustrait sur sa couverture la caricature de l'Oncle Sam grelottant et abasourdi tenant une corne d'abondance vide. Il est vrai, comme le signalait Melvin D. Barger dans un récent article publié dans **the Freeman**, que les États-Unis manquent de bien des choses depuis quelques mois." On assiste à des pénuries croissantes d'énergie, de plastiques, de vêtements, d'aliments en conserve, de papier, de meubles et quoi encore. En 1973, sans avoir eu à subir une importante guerre ni une disette agricole catastrophique, la terre de l'abondance a soudainement été transformée en terre d'insuffisance...Évidemment, bien des raisons secondaires expliquent nos pénuries actuelles, mais la principale cause de ces difficultés c'est que les États-Unis ont finalement franchi un cap important dans leur voyage vers le socialisme. Le rôle des pouvoirs publics dans l'économie est si poussé et décisif que le pays commence à partager les problèmes types des pays qui ont opté pour le socialisme. La Grande-Bretagne a de tels ennuis depuis des années et continue de stagner et de perdre progressivement de son influence dans le monde. Il n'est pas difficile de faire la preuve que d'autres pays ont vécu des difficultés semblables sous des gouvernements socialistes."[2]

Un historien a dit: "La seule chose que nous apprend l'histoire c'est que l'homme ne tire jamais de leçons de ses erreurs."

Le socialisme n'est pas une idée nouvelle; en réalité, un grand nombre de gouvernements passés ont tenté de le mettre en pratique. En Sumérie (environ 2 100 ans av. J.-C.) l'État possédait presque toutes les terres et tenait un registre de toutes les transactions commerciales. Le code de Hammurabi, environ 1 750 ans av. J.-C., fixait les gages des bergers et des artisans et établissait le prix qu'un médecin pouvait exiger pour des opérations. L'Egypte ptolémaïque, 323 à 30 av. J.-C., possédait la terre et les mines, contrôlait les banques et réglementait le commerce. Le socialisme n'était pas non plus limité à l'Europe et au Proche-Orient. La Chine a vécu plusieurs périodes de socialisme au cours desquelles le gouvernement possédait la terre et régissait le commerce: Szuma Ch'ien (145 ans av. J.-C.) Wu Ti (140 à 87 ans av. J.-C.), Wand Mand (9 à 23 de notre ère). Le socialisme faisait également partie intégrante de l'empire Inca au Pérou.[3] L'une des ères socialistes les plus célèbres et les plus prophétiques s'est amorcée avec l'Empereur romain Dioclétien.

Ce dernier, au moment où commença son règne en l'an 282 de notre ère, entreprit des guerres contre les envahisseurs Perses, Britanniques et barbares. Il eut un franc succès. Ses victoires assurèrent à Rome une génération de paix relative. Mais au cours de ces années de paix, l'économie périclita.

Pour vaincre la dépression et contrer la révolution, Dioclétien essaya de remplacer la loi de l'offre et de la demande par une économie dirigée. Pour réduire le taux de chômage, il entreprit de grands travaux publics. Les aliments étaient distribués aux pauvres gratuitement ou pour la moitié du prix du marché. Afin d'assurer l'approvisionnement des villes et des armées, il fit l'acquisition de nombreux secteurs de l'industrie, à commencer par l'importation du blé. En retour de l'acceptation de cette réglementation, on promit aux propriétaires de navires, aux marchands et aux équipages, la sécurité d'emploi et des bénéfices. L'État possédait depuis longtemps la plupart des carrières, et voilà qu'il interdisait l'exportation de sel, de fer, d'or, de vin, de céréales ou d'huile d'Italie, et imposait de rigoureuses restrictions à l'importation de ces articles.[4]

Les établissements où l'on produisait des biens pour l'armée, la bureaucratie ou la cour, étaient régis par l'État. Dans les fabriques de munitions, chez les tisserands et dans les boulangeries, le gouvernement imposait des normes minimales et achetait à son propre prix. Les associations de fabricants étaient responsables d'assurer l'exécution des commandes. Si ce moyen ne fonctionnait pas, les usines étaient nationalisées et exploitées avec de la main-d'oeuvre liée à son emploi. Voilà comment se passèrent les choses jusqu'à ce que la majorité des commerces et des guildes d'Italie tombent finalement sous la juridiction du gouvernement. Ce dernier réglementa les métiers de bouchers, boulangers, maçons, constructeurs, souffleurs de verre, forgerons, graveurs et ainsi de suite. L'historien Paul-Lewis explique: "Dans chaque province, des procureurs spéciaux surveillaient les activités industrielles. Dans toutes les grandes villes, l'État était devenu un puissant employeur, dépassant largement les commerçants écrasés par les impôts."[5]

Un tel système ne pouvait fonctionner sans régie des prix. C'est pourquoi, en l'an 301, Dioclétien décréta les prix légaux maxima de tous les articles importants et fixa les salaires relatifs aux services au sein de l'Empire. Ce décret visait ceux qu'on accusait de profiter des pénuries. Quel en fut le résultat?

Cet édit fut, jusqu'à notre époque, la plus célèbre tentative de remplacer les lois de l'économie par des décrets gouvernementaux. Son échec fut rapide et total. Les artisans dissimulèrent leurs denrées, les pénuries se firent plus aiguës, Dioclétien fut lui-même accusé de connivence pour faire monter les prix, des émeutes se produisirent et l'édit dut être rescindé pour remettre à flot la production et la ditribution...

La faiblesse de cette économie dirigée provient de ses coûts administratifs. La bureaucratie qu'elle engendra fut si poussée que Lactance, sans doute avec une certaine licence politique, l'estima à la moitié de la population... Pour faire vivre la bureaucratie, la cour, l'armée, les chantiers de construction et les distributions, les impôts atteignirent des sommets sans précédent. Comme l'État n'avait pas encore découvert le truc des emprunts publics pour dissimuler son gaspillage et retarder l'heure de la vérité, il fallait que les revenus encaissés chaque année couvrent le coût des opérations annuelles.[6]

Comme les impôts étaient horriblement élevés, chacun cherchait à s'y dérober. Une force policière fut constituée pour examiner les biens et les revenus de chaque homme. Les enfants, les épouses et les esclaves furent torturés pour qu'ils révèlent les richesses et les revenus dissimulés. Des peines sévères furent adoptées pour punir les coupables d'évasion fiscale. Il s'ensuivit que chacun, dans l'empire, cherchait à fuir les percepteurs. Cette fuite prit des proportions presque épidémiques. Les aristocrates locaux cherchaient à échapper à l'élection à des mandats municipaux, les artisans fuyaient leurs commerces et les propriétaires paysans quittaient leurs possessions surtaxées pour devenir des ouvriers rémunérés. Cette situation empira jusqu'à ce qu'au quatrième siècle, des milliers de citoyens traversent les frontières pour se réfugier chez les barbares.[7]

Bon nombre de ceux qui prêchent l'assistance sociale à notre époque envisagent l'évolution de la société à partir du féodalisme au socialisme en passant par le capitalisme. D'après l'histoire, le socialisme a précédé le féodalisme médiéval. La tendance amorcée par Dioclétien fut poursuivie par ses successeurs.

Le pire édit de tous fut peut-être celui de l'Empereur Constantin, en l'an 332. Une loi obligeait les locataires à rester sur leur terre jusqu'à ce que leurs "arrérages de dettes ou de titres" soient payés. Quand le propriétaire vendait son bien, il vendait les locataires en même temps. L'historien Will Durant déclare; "C'est ainsi que de bien des façons l'agriculture passa, au troisième siècle, de l'esclavage à la liberté et ensuite au servage pour aboutir au moyen âge."[8]

Cette "évolution sociale" ne se limitait pas au secteur de l'agriculture. Des lois semblables furent édictées dans d'autres domaines. On interdisait aux travailleurs de changer d'atelier sans l'approbation du gouvernement, et aucun homme ne pouvait quitter la guilde à laquelle il était inscrit. L'appartenance à une guilde était obligatoire pour toutes les personnes engagées dans le commerce ou l'industrie. Un fils devait exercer le métier de son père. Chaque fois qu'un ouvrier demandait un changement d'occupation, l'État lui rappelait que l'Italie était en état de siège par les barbares et que chaque homme devait rester à son poste.

Cette situation découlait directement des décrets promulgués par Dioclétien. On en ressentit les effets à travers "l'âge des ténèbres" et ils furent partiellement responsables de la création du régime des serfs au moyen âge. L'économie européenne ne se remit pas de cette période avant que l'on commence, au cours du quinzième siècle, à relâcher les restrictions imposées au commerce. La révolution industrielle qui suivit cette époque marqua le début d'une ère sans précédent de productivité, celle du vingtième siècle. Mais cette productivité pourrait ne pas durer. "La seule chose que nous apprend l'histoire", c'est que des gens comme Dioclétien ne tirent jamais de leçons du passé.

On considérait, à une certaine époque, que la Scandinavie constituait l'environnement idéal pour l'état socialiste. Ces pays (la Suède, le Danemark et la Norvège) jouissaient déjà de nombreux avantages économiques: des ressources abondantes, une solide base industrielle et une population industrieuse, intelligente et homogène. Il en est toutefois résulté une **réduction à l'absurde** de l'assistance sociale.

La suède en est l'exemple même. Bien qu'elle n'ait pas été touchée par les deux guerres mondiales, l'économie suédoise fut un échec dans les secteurs où l'on s'attendait à ce qu'elle soit florissante. De graves pénuries de logements subsistent dans ce pays. Dans la capitale, Stockholm, et dans d'autres grandes villes, les gens attendent pendant des années pour occuper une maison ou un appartement. Les loyers de Stockholm, bien qu'ils soient régis par le gouvernement, sont parmi les plus chers d'Europe.[9]

Les hôpitaux suédois sont surpeuplés et le personnel manque. Souvent, on retarde les admissions pendant des mois. On manque de médecins et d'infirmières. Les foyers pour les personnes âgées et les handicapés sont rares.[10]

Bien qu'un nombre croissant d'étudiants fréquente l'école secondaire et les universités, les normes suédoises relatives à l'éducation n'ont fait que baisser.

Les partisans de l'état bienfaiteur en Suède prédisaient, à une certaine époque, la baisse de la criminalité au moment où l'on aurait pourvu aux besoins fondamentaux de la population. Mais la criminalité a augmenté de plus de 150% depuis vingt ans: les actes de violence représentent la presque totalité de cette augmentation. Le nombre de vols, par exemple, est de sept fois plus élevé qu'au cours des années 50. La police n'arrive à résoudre que 30% de tous les délits. L'abus des drogues et l'alcoolisme sont parmi les pires d'Europe.[11] Un représentant officiel de Suède a déclaré: "ceux qui, parmi nos chefs politiques, estimaient que les délits graves et les comportements antisociaux seraient faciles à contrôler dans un état moderne où les mesures sociales sont très avancées, ont été amèrement déçus. Il devient de plus en plus évident, depuis dix ans, que ce genre d'état ne constitue absolument pas la société idéale".[12]

Une "mentalité de gréviste" s'est révélée à la fois chez les cols bleus et les cols blancs. Une série de grèves légales et illégales s'est abattue sur le pays. Les mines, les chemins de fer, la fonction publique et les écoles en ont tous été les victimes à un moment ou à un autre.

Dans un pays où le gouvernement garantit le plein emploi, le chômage est passé à 3,6%.[13]

Dans un pays qui s'attend à ce qu'il n'y ait que peu ou pas d'inflation, les prix montent de 11% par année.

Qui paie la note? Le contribuable. En gros, 42 cents par dollar du produit national brut est perçu en impôts pour financer les avantages sociaux offerts par l'État. Un couple qui gagne $6 000 verse 32% de son revenu en impôt.[16] Une famille qui gagne $10 000 paie 40%.[17] Pour chaque dollar qu'un Suédois gagne en sus de $12 000 par année, il verse 70 cents de son revenu au percepteur.[18] Et les impôts indirects s'ajoutent au total: la taxe de vente est de 17,5% sur tous les biens et services.[19]

La situation est semblable au Danemark. Le travailleur ordinaire verse environ 50% de son revenu final en impôt, en plus de payer 15% de taxe de vente sur tout ce qu'il achète. L'inflation ne fait qu'empirer et atteint maintenant 14% par année. Il y a encore des taudis à Copenhague. Depuis dix ans, les fonds alloués aux services sociaux par habitant ont plus que triplés.[20]

Par conséquent, l'ensemble des pays scandinaves fait face, dans une certaine mesure, à une révolte des contribuables. Les partis socialistes qui contrôlent ces pays depuis les années 30 doivent relever un défi d'une ampleur sans précédent. Un ex-ministre a décrit la situation par un seul mot: "désillusion."[21]

Au Danemark, le Parti des Contribuables, créé il y a huit mois face aux partis traditionnels, prône la suppression de l'impôt et le congédiement de 90% de tous les fonctionnaires. Selon un sondage effectué en juillet 1974, ce parti était au troisième rang pour ce qui est de la popularité auprès du public et au deuxième pour ce qui est des pouvoirs parlementaires.[22] Les architectes du socialisme scandinave ont dû subitement passer à la défensive et prédisent une période au cours de laquelle les services publics ne seront pas étendus mais peut-être réduits.

Après la guerre, le Sri Lanka (autrefois le Ceylan) fut sur-nommé la "Suède d'Asie". Cette île luxuriante et paradisiaque, pratiquement le seul pays d'Asie où il n'y a avait pas de famine, de lutte de classes ou de sous-développement industriel, fut un lieu de prédilection pour les réformateurs socialistes. Les habitants de ce petit pays jouissaient d'un système agricole efficace, d'un niveau élevé d'éducation et d'un climat politique plutôt paisible, après avoir vécu sous divers régimes coloniaux. Mais en s'appuyant sur les théories les plus avancées d'inter-vention gouvernementale, les réformateurs socialistes ont réussi, en moins d'un quart de siècle, à détruire l'économie, à encourager les soulèvements violents et à mettre au pouvoir un régime presque totalitaire.

Les boutiques ont peu d'articles à vendre; à mesure que la qualité des marchandises se détériore, elles valent de moins en moins la peine d'être achetées. Les tailleurs achètent leur fil au marché noir. Il faut quatre doses d'antibiotique local coûteux pour équivaloir à une dose normale d'antibiotique occidental. Les allumettes sont les pires au monde mais nécessaires puisque les pannes de courant sont fréquentes. Pendant certaines heures de la journée, il n'y a pas d'eau à Colombo, la capitale, parce que le système des eaux tombe en décrépitude et ne peut être remplacé faute de devises étrangères.[23]

La cause de tous ces ennuis est l'élargissement de l'écart entre les revenus et les dépenses qui résulte de structures fiscales inefficaces et de programmes extravagants de mesures sociales. L'économie doit absorber le fardeau des subventions alimentaires et des services gratuits offerts à toute la population, qui représentent $260 millions, soit la moitié du revenu annuel du pays. Le gouvernement paie tout, de l'éducation aux soins médicaux, en passant par les services d'autobus. La mesure fiscale la plus régressive est le plafond de $200 par mois de son revenu que peut dépenser chaque individu. Cette mesure, en effet, encourage les travailleurs spécialisés à émigrer et mine l'initiative de ceux qui restent. La loi d'acquisition des entreprises permet au gouvernement de prendre en charge toute entreprise commerciale, de sorte que l'économie est à l'état latent. La double comptabilité est chose courante, car sans elle de nombreux commerces ne pourraient survivre. Les économies sont la plupart du temps sous forme de joyaux (la véritable devise) et la contrebande fait partie de la vie courante.[24] Sur une population de treize millions, le pays compte un million de chômeurs.[25]

Chaque gouvernement successif fait de plus en plus de promesses qu'il n'arrive pas à réaliser. En 1970, Madame Sirimavo Bandaranaike devint Premier Ministre en promettant aux masses plus de riz gratuit qu'avant. Le pays ne produisant que 70% du riz qu'il consomme et sa production étant à la baisse (réduction de 15% en 1973), le gouvernement accorde un kilo gratuit de riz par personne par semaine et subventionne une deuxième portion pour la plupart des citoyens.[26] Le gouvernement semble s'autodétruire par cette politique du riz. Puisque les producteurs sont subventionnés par le gouvernement, toute hausse de la productivité accroîtrait le fardeau budgétaire. Ces dons, ainsi que les grands discours qui les accompagnent, ont donné lieu à une augmentation des attentes de la population qui atteignent maintenant un niveau irréaliste. Y répondre signifierait l'effondrement total; décevoir la population équivaudrait à un suicide politique.

Les politiques économiques de Madame Bandaranaike ont entraîné une augmentation des tensions politiques. En avril 1971, un millier de jeunes fomentèrent une insurrection qu'on a décrite comme étant "plutôt une folie qu'une rébellion". Ils furent écrasés facilement et brutalement. Ce n'est pas un sujet dont on parle au Sri Lanka, mais le **London Sunday Times** estime qu'à la suite de cette insurrection il y eut 5 000 morts et 16 000 arrestations.[27]

L'opposition la plus efficace au gouvernement vient de la presse (dix-sept quotidiens, dont cinq anglophones). Le gouvernement a récemment adopté la loi du Conseil de presse en vertu duquel un conseil de sept membres a été mis sur pied pour punir les rédacteurs et les journalistes trouvés coupables de "faux propos, de déclarations erronées et inopportunes." Ils sont passibles d'amende allant jusqu'à $800 et de peines d'emprisonnement allant jusqu'à deux ans. Le Ministre de la Justice, auteur du projet de loi, rapporte que le gouvernement projette également l'application du concept de la "propriété collective par l'État" de tous les grands groupes de journaux, avant les élections de 1977.[28]

Au début de 1974, Madame Bandaranaike, cédant à des rumeurs de renversement de son gouvernement, imposa l'état d'urgence. Exerçant son pouvoir avec une force bien particulière, elle prit le contrôle du plus grand cartel de journaux, fit fermer le deuxième groupe de journaux en importance et saisit le contrôle de la radio du pays[29] qui avait critiqué ses politiques de gauche. Sa politique la plus controversée, comme toujours, touchait les aliments. Bien que son gouvernement ait remporté la victoire de façon éclatante en 1970, surtout en promettant d'augmenter la ration hebdomadaire de riz gratuit, elle a depuis été forcée de réduire cette portion. La distribution d'une certaine quantité de riz gratuit fait partie de la vie au Sri Lanka et chaque gouvernement qui a tenté de mettre fin à cette pratique ou de la réduire a été défait.

Il semble que ceux qui prônent un socialisme accru aux États-Unis n'aient pas été le moins du monde touchés par ces échecs répétés du socialisme. Au contraire, prétend Melvin Barger, "les échecs de l'interventionisme socialiste semblent alimenter les tenants de l'intervention des pouvoirs publics. L'idée fausse persiste que le gouvernement peut résoudre nos problèmes économiques et sociaux en nommant un chef suprême qui surveillerait l'industrie malade ou fournirait des fonds à l'appui d'une certaine cause. On ne se rend pas encore compte que cette intervention aura inévitablement pour effet de réduire le rendement et de freiner les forces du marché susceptibles de ramener l'efficacité et l'ordre dans nos affaires économiques... Le prix à payer, dans ce monde nouveau d'interventions socialistes, est très élevé en termes de perte de liberté et de baisse de productivité."[30]

Il est vrai qu'on peut mettre en doute (comme plusieurs le font) la possibilité d'exercer une véritable liberté. Il faut admettre que pour certains, la liberté d'expression, de religion et de presse est moins importante que l'alimentation, le vêtement et le logement du plus grand nombre possible de citoyens. Toutefois, pour que ce grand nombre de personnes soient alimentées, vêtues et logées, nous dépendons entièrement de la production. Comment le Sri Lanka peut-il donner du riz à chacun, s'il n'y a pas de riz?

Pourquoi les producteurs de riz du Sri Lanka devraient-ils produire des excédents lorsqu'ils peuvent obtenir du riz gratuitement? Comment peut-on s'attendre à ce qu'ils se donnent la peine de produire plus de riz quand ils n'y trouvent aucune récompense? Lorsqu'ils découvriront qu'ils peuvent obtenir du riz sans travailler, pourquio travailleraient-ils? Quand les producteurs de riz du Sri Lanka ne se sentiront plus obligés de poursuivre leurs efforts, d'où viendra le riz? Il est évident que "personne ne peut en avoir s'il n'y en a pas."

Non seulement la production diminue-t-elle quand l'État répartit les rendements excédentaires; les libertés personnelles diminuent aussi. Quand on ne jouit plus du droit à la liberté économique, il s'avère bientôt nécessaire de réduire aussi les libertés non économiques. Ce n'est pas une coincidence si le gouvernement du Sri Lanka estime qu'il est nécessaire de contrôler la presse, si les dissidents en Chine communiste se retrouvent dans une école spéciale à étudier les vertus de Mao, ni si Alexandre Soljhénistyne a été expulsé du Syndicat des écrivains et empêché de publier ses oeuvres en U.R.S.S. Les entraves à l'économie et la perte des libertés non économiques semblent aller de pair dans les sociétés collectivistes.

"Le danger inhérent au socialisme c'est que dans l'établissement d'un mécanisme de dirigisme économique, la concentration des pouvoirs, les pouvoirs coercitifs de l'État et les pouvoirs d'une économie dirigée aillent bien au-delà de tout ce dont a rêvé le capitalisme et rendent les hommes bien plus dépendants que libres."[31]

Cela ne signifie pas que le capitalisme soit un élixir qui garantisse la solution de tous les problèmes de l'humanité. Le capitalisme ne peut assurer aux hommes le bonheur, s'ils ne savent pas ce qui les rendra heureux; il ne leur garantit pas la justice, s'ils ne savent pas pourquoi elle est nécessaire; il ne les protège pas du matérialisme, s'ils veulent placer les biens avant l'homme. Toutes ces choses relèvent des prérogatives de l'individu. Ce que peut faire le capitalisme, c'est d'assurer aux êtres humains les moyens matériels de survivre et la liberté d'améliorer leur vie, conformément à leurs propres désir.

Sans doute, très peu de gens aiment que le gouvernement contrôle leurs actes et leur vie. Dernièrement, toutefois, très peu de citoyens se sont rendus compte qu'une politique a mi-chemin entre le collectivisme et le capitalisme ne conduit pas à l'accroissement de la liberté et de la sécurité de l'individu qui, chaque jour, perd un peu plus de liberté.

Quelque part... Tom Smith rit dans sa barbe.

QUATRIÈME PARTIE

Tom Smith
et son incroyable machine
à multiplier les pains

Tom Smith
et son incroyable machine
à multiplier les pains

par R.W. Grant

Voici la légende du succès et de la chute d'un homme,
Tom Smith, qui apaisa la faim dans le monde.
Smith, inventeur, était spécialisé
Dans la fabrication des jouets
Et l'on fut surpris de constater qu'au lieu
De fabriquer des jouets, IL FAISAIT DU PAIN.

La méthode qu'il avait conçue
Pour faire du pain
Coûtait beaucoup moins cher.
Non seulement elle permettait de faire du pain,
Mais aussi de le trancher et de l'envelopper!
Chaque pain coûtait moins d'un sou:
Imaginer les conséquences!
Comprenez bien ce que cela signifiait;
Pour la première fois, le monde serait bien nourri
Grâce au pain de Tom Smith.

Il reçut du Président une citation
Pour sa découverte
Et d'autres honneurs
Lui furent décernés.

Mais vous savez peut-être
Combien la gloire est éphémère.
Smith, le héro d'un jour,
Retomba vite dans l'ombre.

Les années passèrent;
Smith était millionnaire.
Son nom sombra dans l'oubli
Bien que le pain fusse partout.
Ceux à qui l'on demandait d'où il venait
Ne le savaient presque jamais.
Ils ne faisaient que manger et demander,
N'en a-t-il pas toujours été ainsi?"

Mais Smith s'en souciait peu.
On mangeait ses pains par millions
"Tout va bien, se disait-il,
Je suis riche et ils sont bien nourris!"

Tout va bien, pensait-il?
Il comptait sans la fatalité.
Notez la séquence des événements
Qui survinrent à partir du jour
Où la taxe d'affaires monta.
Suivit une légère augmentation
De chaque pain qui coûtait tout un sou!

"Que se passe-t-il? s'écria le public,
Il est coupable de vol
Et n'a pas le droit de s'enrichir
De la faim des autres!"

(Une affiche primée représentait Smith,
Les bajoues grasses et pendantes,
Enlevant le pain de la bouche des enfants affamés,
Indifférent à leurs cris!)

Puisque le bien public primait
On ne pouvait nier
Qu'en des questions comme celle-ci
Le public devait décider.
L'antitrust s'en mêla
Et fut bien sûr étonné

De ce qu'il trouva,
Qu'il appela "le cartel du pain".

Les choses s'envenimaient.
Smith crut bon d'avoir
Un entretien amical
Avec la Commission Antitrust
Et alla les voir le chapeau à la main.
Sûrement qu'on les avait induits en erreur;
Il n'avait défié aucune loi.
Mais leur avocat déclara:

"La loi, en cette époque troublée
S'est montrée inefficace.
Nous préférons la loi des hommes!
De beaucoup plus efficace.
Laissez-moi vous en faire part,
Poursuivit l'avocat.
Ces très simples directives
Sont fiables:
Vous êtes un exploiteur
Si vous exigez plus que les autres.
Mais vous êtes un concurrent déloyal
Si vous exigez moins.

"Autre point important.
Pour éviter toute confusion:
N'exigez pas la même chose:
Ce serait de la collusion!
Ne faites pas trop de concurrence,
Car alors vous auriez,
Monsieur Smith,
Le monopole du marché!"

Le prix est trop haut, ou le prix est trop bas?
De quoi vous accuse-t-on aujourd'hui?
Des deux, puisque le bien public
Est en jeu!

Ils ont même fait mieux
Vous accusant de monopole!
Pourquoi s'en faire,
Ils vous ont accusé des trois!

"Cinq ans de prison, dit le juge,
Vous avez de la chance, ce pourrait être pire".
Les voleurs doivent apprendre
Que le bien de la société prime!"

Le gouvernement cuit maintenant le pain,
Et comme on pouvait s'y attendre
Tout est bien contrôlé
Et le public bien protégé.

Les pains coûtent un dollar chacun.
Mais nos dirigeants font de leur mieux
Puisqu'ils le vendent un demi-sou.
Les impôts paient le reste!

NOTES

NOTES DE "SÉPARER L'IVRAIE DU BON GRAIN"

1. Internal Revenue Service, communiqué IR-380, 15 mai 1961
2. Los Angeles Times, 4 avril 1965.
3. Ibid. 27 février 1974.
4. Ibid. 4 décembre 1973.

NOTES DU CHAPITRE UN: "LA PÂTE LÈVE"

1. Clarence B. Carson, **Throttling the Railroads** (New York; The Foundation for Economic Education, 1971), p. 23
2. Ibid. p. 32
3. Matthew Josephson, **The Robber Barons** (New York; Harcourt, Brace and World, 1934). p. 78
4. Ibid, p. 165
5. Ibid. pp. 18-19, 66
6. Ibid. p. 236
7. **New York Times,** 27 août 1961
8. Clarence B. Carson, op. cit., pp. 53-54
9. Ibid.
10. Benjamin A. Rogge, "Will Capitalism Survive?" **Imprimis** (Vol. 3, no. 5) mai 1974, p. 3
11. Gabriel Kolko, **The Triumph of Conservatism** (Chicago: Quadrangle Books, 1963) pp. 57-58
12. Clarence B. Carson, op. cit., p. 47
13. W.H. Hutt, "The Factory System of the Early Nineteenth Century," in F.A. Hayek, **Capitalism and the Historians** (Chicago: University of Chicago Press, 1954) p. 176
14. Ibid., T.S. Ahston, "Treatment of Capitalism by Historians," pp. 50-51
15. Friedrich, Engles, **The Condition of the Working Class in England in 1844** (Londres: George Allen and Unwin, 1892), p. 170.
16. J.L. et Barbara Hammond, **Lord Shaftesbury** (Londres: Constable 1933), p. 16.
17. B.L. et A. Harrison, **A History of Factory Legislation** (New York: Augustus M. Kelly, 1966), p. 34.

NOTES DU CHAPITRE DEUX: "DANS LE PÉTRIN"

1. Murray N. Rothbard, **America's Great Depression** (Los Angeles: Nash Publishing, 1972), p. 88.
2. **The Federal Reserve System, Purposes and Functions, Fiftieth Anniversary Edition** (Washington, D.C.: Board of Governors of the Federal Reserve System, 1963), pp. 69, 75.
3. Murray M. Rothbard, op. cit., p. 113.
4. Ibid, p. 129.

5. Benjamin M. Anderson, **Economics and the Public Welfare** (New York: D. van Nostrand, 1949) pp. 182-83.
6. Samuel Eliot Morison, **The Oxford History of the American People** New York: Oxford University Press, 1965), p. 942.
7. Benjamin M. Anderson, op. cit., pp. 488.
8. Murray N. Rothbard, op. cit., pp. 203-05.
9. Ibid., p. 206.
10. Benjamin M. Anderson, op. cit., p. 222.
11. Ibid., p. 488.
12. Ibid.
13. Mary Bennett Peterson, **The Regulated Consumer** (Los Angeles: Nash Publishing, 1971) p. 79.
14. Clarence H. Cramer, **American Enterprise Free and Not So Free** (Boston: Little, Brown and Company, 1972) p. 220
15. Benjamin M. Anderson, op. cit., p. 317.
16. Ibid., p. 319.
17. Ibid., pp. 348-49.
18. Ibid.
19. "The Morgenthau Diaries", **Colliers,** 25 octobre 1947.
20. Garet Garrett, **The People's Pottage** (Caldwell: Caxton Printers, 1958) p. 36.
21. Ibid., p. 37.
22. Benjamin M. Anderson, op. cit., p. 335.
23. Ibid., p. 338.
24. Schecter v. U.S. 295 U.S. 495 (1935)
25. John Maynard Keynes, "National Self-Sufficiency", **The Yale Review,** été 1933, pp. 760-61.
26. Murray N. Rothbard, op. cit., p. 295.

NOTES DU CHAPITRE TROIS:
"FAUTE DE PAIN ON MANGE DE LA GALETTE"

1. Cf., **The Economic Development of Kuwait** (Baltimore: John Hopkins Press, 1965); Ragaei El Mallakh, **Economic Development and Regional Cooperation: Kuwait** (Chicago: The University of Chicago Press, 1968).
2. "Playboy Interview: Milson Friedman," **Playboy Magazine,** février 1973.
3. Lawrence Fertig, "Right Premise — Wrong Conclusion," **The Freeman,** janvier 1967, p. 17.
4. Ibid., pp. 14-15.
5. Harold Fleming, **Ten Thousand Commandments** (New York: The Foundation for Economic Education, 1951), p. 20.
6. Ibid., p. 55.
7. Firestone Tire and Rubber Company, **1973 Annual Report,** p. 3.
8. Cf. Adam Smith, **An Inquiry Into the Nature and Causes of The Wealth Of Nations** (New Rochelle: Arlington House, 1966).

9. **U.S. News & World Report,** 19 mars 1973.
10. Rick Weyna, "Private Mail Service: Free Enterprise at Work," **The Alternative Educational News Service,** 6 décembre 1971, pp. 1-2.
11. **U.S. News & World Report,** 10 septembre 1973.
12. Ibid., 19 mars 1973.
13. "Conditions of Contract" sur le billet AMTRAK formule 04.
14. **Wall Street Journal,** 14 mars 1974.
15. Henry Hazlitt, **Man vs. The Welfare State** (New Rochelle: Arlington House, 1970) pp. 23-25.
16. **Business Week,** juillet 1973.
17. Emerson P. Schmidt, **Union Power and the Public Interest** (Los Angeles: Nash Publishing, 1973), p. 78.
18. Henry Hazlitt, **The Conquest of Poverty** (New Rochelle: Arlington House, 1973) p. 131.
19. Ibid., p. 136.
20. **Los Angeles Times,** 21 juin 1974.
21. Ibid., 16 juin 1974.
22. Voir les déclarations assermentées dans les dossiers: Comté de Monterey, Californie, Cour Supérieure, Département du Shériff, Patrouille routière; Police municipale de Salinas, Registres des salles d'urgence de l'hôpital, août, septembre, octobre 1970, Salinas, Comté de Monterey, Californie. Voir également la brochure préparée par le Comité des Citoyens pour l'Agriculture, 329 Pajoro Street, Salinas, Californie, 13 septembre 1970.
23. Lettre: M. Richard S. Sabo, The Lincoln Electric Company, 5 juillet 1974.
24. Roger LeRoy Miller, "The Helping Hand Behind Food Prices," **Harper's Magazine,** février 1974, p. 16.
25. ibid., pp. 14-15.
26. **Wall Street Journal,** 6 août 1965.

NOTES DU CHAPITRE QUATRE: "METTRE LA MAIN À LA PÂTE"

1. William L. Katz, **Eyewithness: The Negro in American History** (New York: Pitman Publishing 1967), p. 20.
2. **Los Angeles Times,** 4 avril 1972.
3. **Wall Street Journal,** 29 mai 1974.
4. Alvin Rabushka, **A Theory of Racial Harmony** (Columbia: University of South Carolina Press, 1974) pp. 93-94.
5. **U.S. News and World Report,** 1er octobre 1973.
6. Henry Hazlitt, **The Conquest of Poverty** (New Rochelle: Arlington House, 1973) p. 102.
7. Ibid., p. 93.
8. Ibid.
9. Ibid.
10. Ibid., p. 94.

11. C. Tudor, éditeur, **The Prolific Governement** (San Diego: World Research, 1973) pp. 126-127.
12. **U.S. News and World Report,** 8 avril 1974.
13. **South and the 1972 Social Security Act** (San Mateo: National Federation of Independent Business, 1974), p. 1.
14. Ibid, p. 3.
15. Ibid.
16. Ibid.
17. National Federation of Independent Business News Release, 8 avril 1974, p. 1.
18. Ibid., p. 4.
19. Roger LeRoy Miller, "Social Security: "The Cruelest Tax," **Harper's Magazine,** juin 1974, p. 22.
20. Ibid.
21. Ibid.
22. Ibid, p. 23.
23. **Wall Street Journal,** 15 juillet 1974.
24. Roger LeRoy Miller, op. cit., p. 24.

NOTES DU CHAPITRE CINQ: "LE PAIN BRÛLE"

1. Stuart Chase, **A New Deal** (New York: MacMillan, 1932) p. 163.
2. Max Eastman, Love and Revolution **(New York: Random House, 1964) p. 633.**
3. Frederic Bastiat, **The Law** (New York: The Foundation for Economic Education, 1962), p. 62.

NOTES DU CHAPITRE SIX: "PAIN SANS LEVAIN"

1. Arthur M. Schlesinger, **The Vital Center** (New York: Houghton-Mifflin, 1962), p. 54.
2. **Los Angeles Times,** 3 mars 1965.
3. Arthur M. Schlesinger, op. cit., p. 56.
4. Milton Friedman, **Capitalism and Freedom** (Chicago: The University of Chicago Press, 1962), p. 2.
5. Cité par Ayn Rand, **The Fascist New Frontier** (New York: National Branden Institute, 1963) p. 4.

NOTES DU CHAPITRE SEPT: "PERDRE UN PAIN DE SA FOURNÉE"

1. Citation de William W. Bayes, "What is Property?" **The Freeman,** juillet 1970, p. 392.
2. Ibid. pp. 394-95.
3. Ibid., pp. 395-96.

4. Ibid., p. 397.
5. Ibid.
6. Ibid., 397-98.
7. Henry Hazlitt dans **Clichés of Socialism** (New York: The Foundation for Economic Education, 1962), pp. 174-75.
8. Ibid.
9. Ibid.
10. Herbert L. Matthews, **Fruits of Fascism** (New York: Harcourt, Brace and world , 1943) pp. 144-45.
11. M. Bruce Johnson, "Piracy on the California Coast," **Reason,** juillet 1974, p. 18.
12. Ibid.
13. **Los Angeles Times,** 9 décembre 1973.
14. Ibid., 19 août 1973.
15. M. Bruce Johnson, op. cit., p. 19.

NOTES DU CHAPITRE HUIT: "TREIZE À LA DOUZAINE"

1. Benjamin A. Rogge, "The Case for Economic Freedom," **The Freeman,** septembre 1963, p. 9.
2. Melvin D. Barger, "Socialism Seeks Its Own Level", **The Freeman,** juin 1974, pp. 356-57.
3. Will Durant, **Lessons of History** (New York: Simon and Schuster, 1968) pp. 59-64.
4. Will Durant, **The Story of Civilization III: Ceasar and Christ** (New York: Simon and Schuster, 1944) p. 640.
5. Ibid., p. 642.
6. Ibid., p. 643.
7. Ibid., p. 644.
8. Ibid.
9. **U.S. News & World Report,** 10 mai 1971.
10. Ibid.
11. Ibid.
12. Ibid., 7 février 1966.
13. Ibid., 1er octobre 1973.
14. Ibid., 10 mai 1971.
15. Ibid., 1er octobre 1973.
16. Ibid., 10 mai 1971.
17. Ibid.
18. Ibid., 1er octobre 1973.
19. Ibid., 10 mai 1971.
20. **The Christian Science Monitor,** 10 juillet 1974.
21. Ibid.
22. Ibid.
23. Reports & Comment: Sri Lanka   **"Atlantic Monthly,** avril 1974, p. 20.

24. Ibid., p. 24.
25. **The Christian Science Monitor,** 10 juillet 1974.
26. **Atlantic Monthly,** op. cit., p. 26.
27. Ibid., p. 30.
28. Ibid., p. 32.
29. **The Christian Science Monitor,** 10 juillet 1974.
30. Melvin D. Barger, op. cit., pp. 360-61.
31. Erazim V. Kohak, ''Being Young in a Post-industrial Society'', **Dissent,** février 1971, p. 31.

INDEX

Achevé d'imprimer
en août mil neuf cent soixante-dix-neuf
sur les presses de l'Imprimerie Gagné Ltée
Louiseville - Montréal.
Imprimé au Canada